연산력 수학

노크

D5

(초2~초3)

곱셈구구 (2)

똑!똑! 연산력 수학
노크의 구성

연산 학습 ▶ 하루에 4쪽씩 한 가지 주제를 학습합니다.

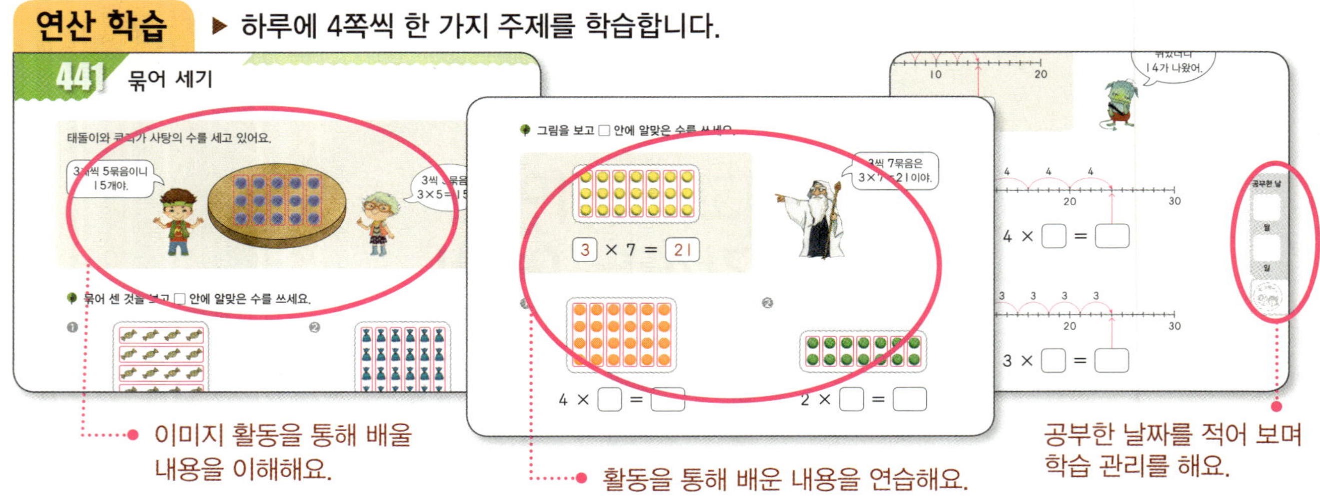

이미지 활동을 통해 배울
내용을 이해해요.

활동을 통해 배운 내용을 연습해요.

공부한 날짜를 적어 보며
학습 관리를 해요.

평가 ▶ 배웠던 주제를 평가해 봅니다.

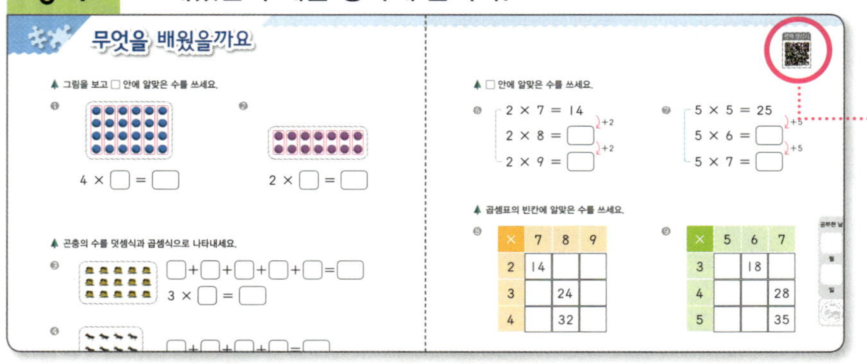

"문제 생성기" QR코드를 이용하면
여러 문제를 더 풀어 볼 수 있어요.

연산 보충 학습 ▶ 연산 학습의 부족한 부분을 연습합니다.

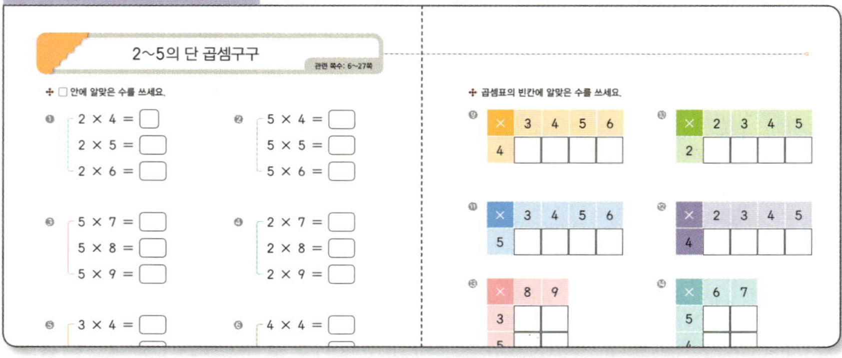

각 주제별로 학습했던 연산 학습 중 연습
이 더 필요한 부분을 본책 맨 뒤에서 제공
합니다.
해당 연산 학습을 끝낸 후에 사용하세요.

연산력 수학 노크만의 스마트 학습

문제 생성기

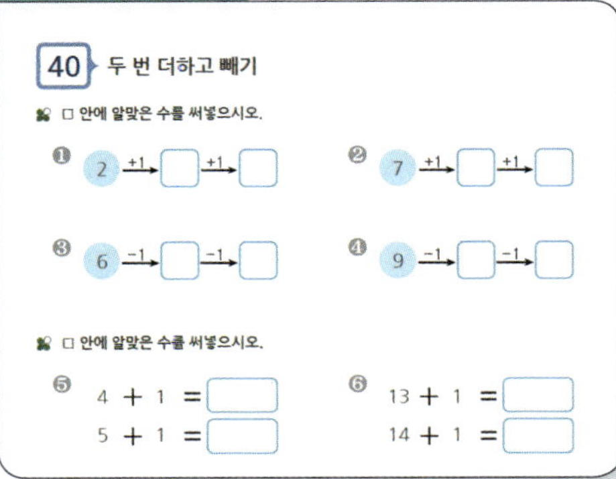

"무엇을 배웠을까요"를 풀고 난 후 QR코드를 찍어 보세요.
새로운 문제들이 계속 생성됩니다.
출력하여 사용하세요.

연산력 게임

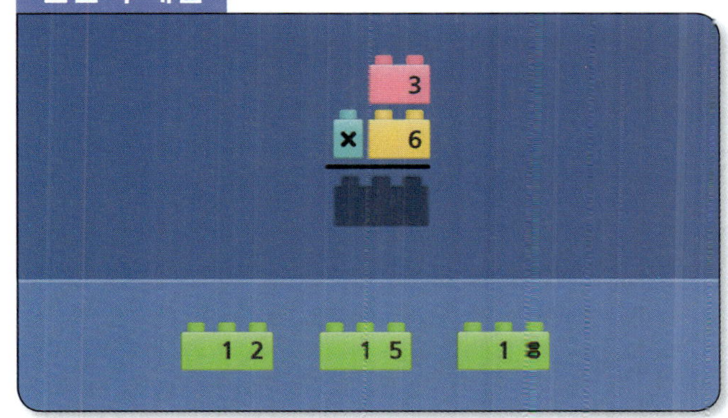

"연산력 게임" 코너에 있는 QR코드를 찍어 보세요.
연산 학습과 연계된 재미있는 연산력 게임을 할 수 있습니다.

연산력 수학 노크에 나오는 친구들을 소개해요!!

모험가 친구들

태돌
추진력 리더

현우
끈기 대장

큐리
호기심 해결사

티나
치밀한 전략가

마법사 멀린과 수학 요정

마법사 멀린

꼬마 요괴

따소리

한입

장난

딴짓

멍하니

잠만자

울보

거꾸로

차례

2~5의 단 곱셈구구

▶ 연산 보충 학습(102~103쪽)에서 더 풀어 보세요.

학부모 지도 가이드

'2×3'이나 '5×4'와 같이 2~5의 단 곱셈구구를 배웁니다. 아이들이 주어진 그림을 다양한 크기로 묶어 세고, '몇씩 몇 묶음'을 '몇의 몇 배'로 나타냄으로써 곱셈의 개념을 이해할 수 있게 합니다.

$3 \times 7 = 21$

$2 \times 7 = 14$

$3 \times 1 = 3$
$3 \times 2 = 6$
$3 \times 3 = 9$

또한 아이들이 '몇의 몇 배'를 곱셈식으로 나타낼 수 있도록 지도하여 스스로 곱셈의 필요성을 깨닫고 곱셈에 흥미를 가질 수 있게 합니다.

묶어 세기

🌳 묶어 센 것을 보고 ☐ 안에 알맞은 수를 쓰세요.

①

4씩 ☐ 묶음은 20입니다.

☐ × 5 = ☐

②

5씩 ☐ 묶음은 30입니다.

☐ × 6 = ☐

③

3씩 ☐ 묶음은 18입니다.

☐ × 6 = ☐

④

5씩 ☐ 묶음은 15입니다.

☐ × 3 = ☐

$$3 \times 7 = 21$$

①

$$4 \times \boxed{} = \boxed{}$$

②

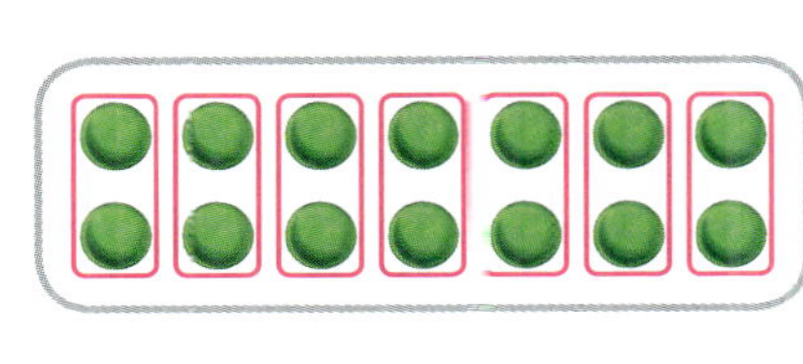

$$2 \times \boxed{} = \boxed{}$$

③

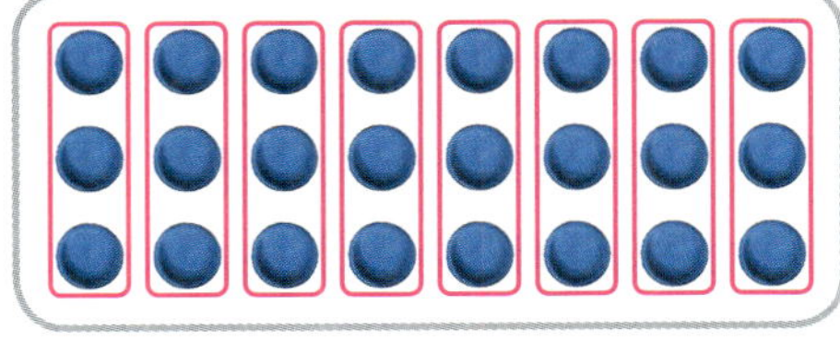

$$3 \times \boxed{} = \boxed{}$$

④

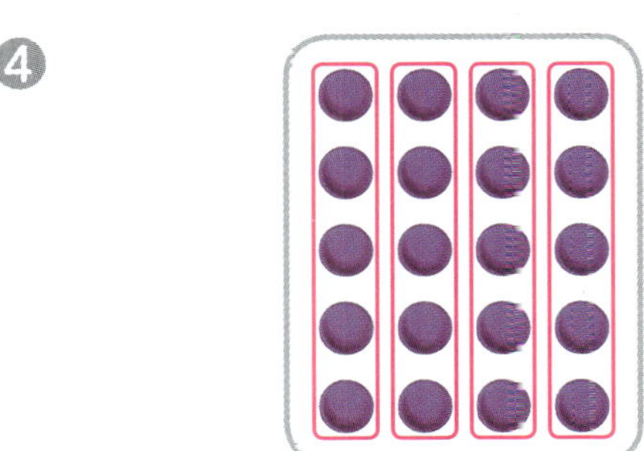

$$5 \times \boxed{} = \boxed{}$$

현우는 수직선에서 뛰어 세기를 하려고 해요.

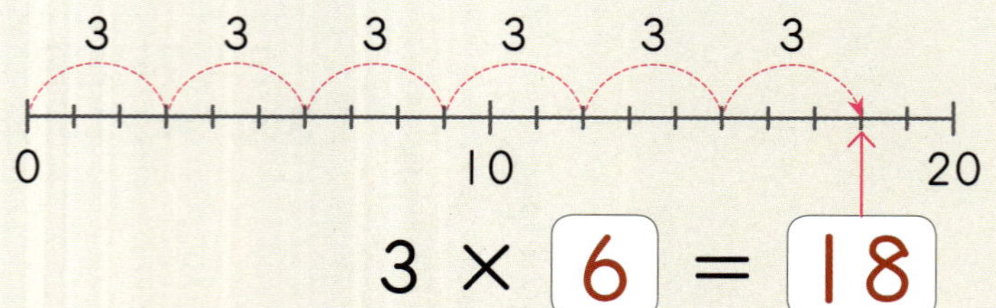

🌳 수직선을 보고 ☐ 안에 알맞은 수를 쓰세요.

❶
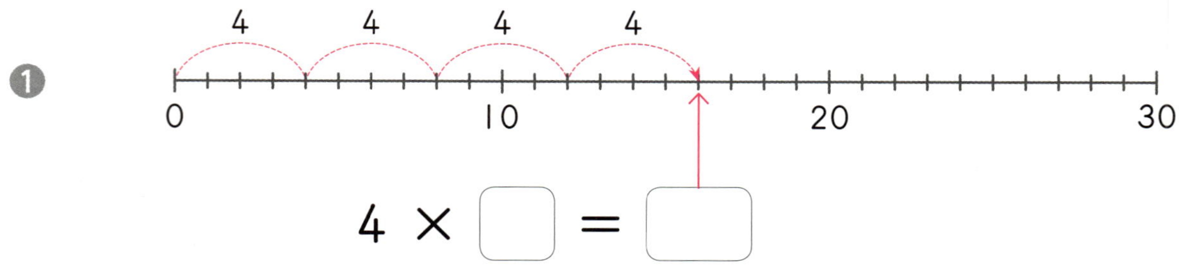

$$4 \times \boxed{} = \boxed{}$$

❷
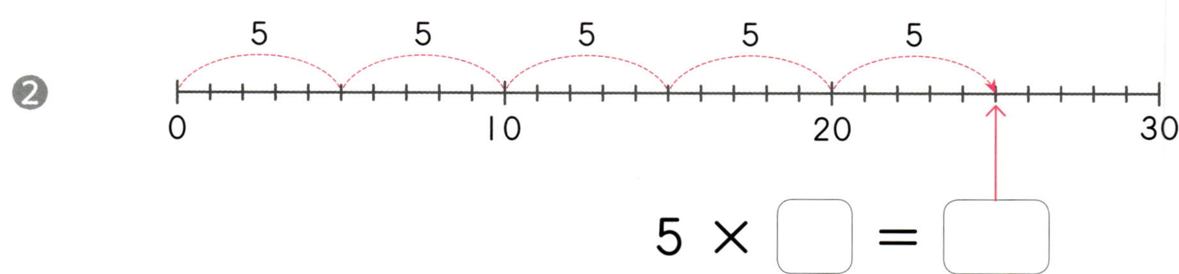

$$5 \times \boxed{} = \boxed{}$$

❸
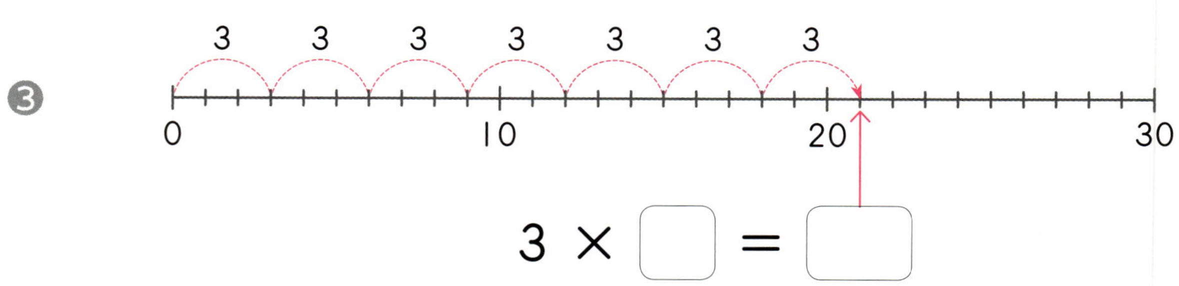

$$3 \times \boxed{} = \boxed{}$$

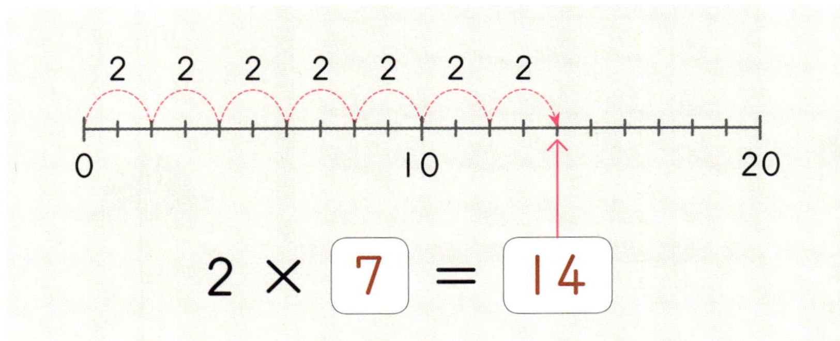

❶

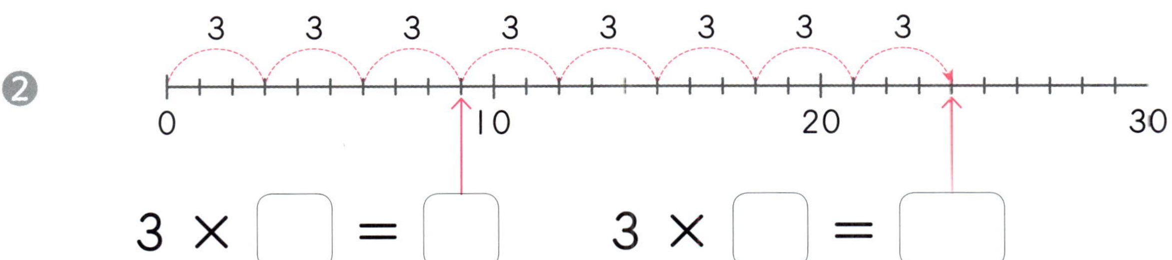

$4 \times \boxed{} = \boxed{}$ $4 \times \boxed{} = \boxed{}$

❷

$3 \times \boxed{} = \boxed{}$ $3 \times \boxed{} = \boxed{}$

❸

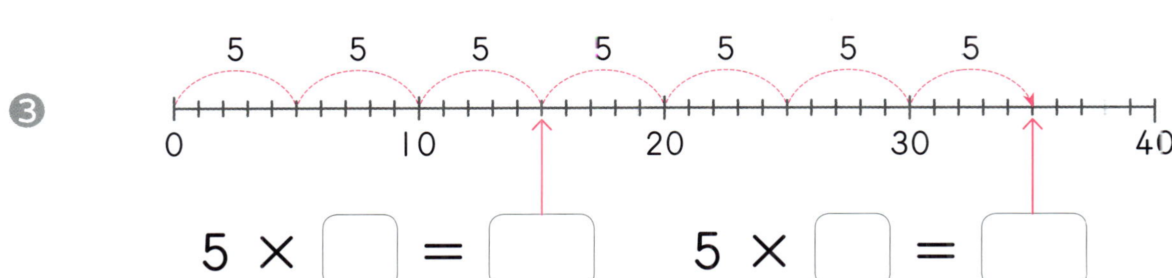

$5 \times \boxed{} = \boxed{}$ $5 \times \boxed{} = \boxed{}$

덧셈과 곱셈

태돌이와 티나는 곤충 박물관에서 잠자리의 수를 세고 있어요.

🌳 그림을 보고 ☐ 안에 알맞은 수를 쓰세요.

❶

$$3 + 3 + 3 + 3 + 3 + 3 + 3 = \boxed{}$$

$$3 \times 7 = \boxed{}$$

❷

$$5 + 5 + 5 + 5 + 5 + 5 = \boxed{}$$

$$5 \times 6 = \boxed{}$$

❶
$\square + \square + \square + \square = \square$

$3 \times \square = \square$

❷
$\square + \square + \square + \square = \square$

$5 \times \square = \square$

❸
$\square + \square + \square + \square + \square = \square$

$4 \times \square = \square$

현우는 칠판에 적힌 곱셈 문제를 풀고 있어요.

🌳 ☐ 안에 알맞은 수를 쓰세요.

❶ 4 × 5 = ☐

5개

➡ ☐ + ☐ + ☐ + ☐ + ☐ = ☐

❷ 3 × 7 = ☐

7개

➡ ☐ + ☐ + ☐ + ☐ + ☐ + ☐ + ☐ = ☐

❸ 4 × 6 = ☐

6개

➡ ☐ + ☐ + ☐ + ☐ + ☐ + ☐ = ☐

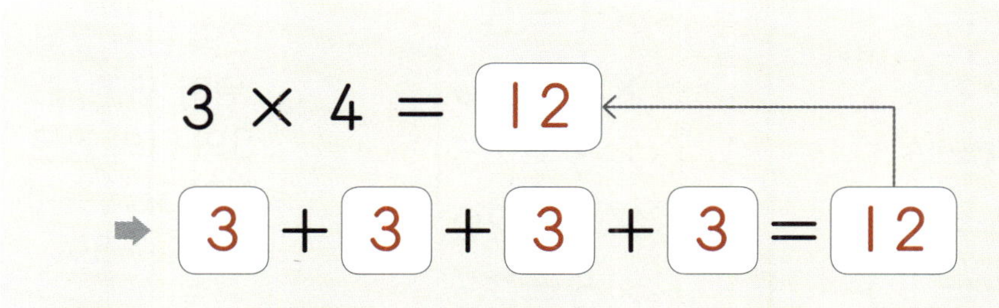

$3 \times 4 = \boxed{12}$

➡ $\boxed{3} + \boxed{3} + \boxed{3} + \boxed{3} = \boxed{12}$

① $5 \times 2 = \boxed{}$

➡ $\boxed{} + \boxed{} = \boxed{}$

② $2 \times 5 = \boxed{}$

➡ $\boxed{} + \boxed{} + \boxed{} + \boxed{} + \boxed{} = \boxed{}$

③ $4 \times 3 = \boxed{}$

➡ $\boxed{} + \boxed{} + \boxed{} = \boxed{}$

④ $2 \times 7 = \boxed{}$

➡ $\boxed{} + \boxed{} + \boxed{} + \boxed{} + \boxed{} + \boxed{} + \boxed{} = \boxed{}$

2~5의 단 곱셈

태돌이와 티나는 2와 5의 단 곱셈구구를 외우려고 해요.

$2 \times 1 = 2$	$5 \times 1 = 5$
$2 \times 2 = 4$	$5 \times 2 = 10$
$2 \times 3 = 6$	$5 \times 3 = 15$
$2 \times 4 = 8$	$5 \times 4 = 20$
$2 \times 5 = 10$	$5 \times 5 = 25$
$2 \times 6 = 12$	$5 \times 6 = 30$
$2 \times 7 = 14$	$5 \times 7 = 35$
$2 \times 8 = 16$	$5 \times 8 = 40$
$2 \times 9 = 18$	$5 \times 9 = 45$

🌳 2와 5의 단 곱셈구구를 외워 ☐ 안에 알맞은 수를 쓰세요.

1

$2 \times 1 = 2$

$2 \times 2 = \boxed{}$

$2 \times 3 = \boxed{}$

$2 \times 4 = 8$

$2 \times 5 = \boxed{}$

$2 \times 6 = 12$

$2 \times 7 = \boxed{}$

$2 \times 8 = 16$

$2 \times 9 = 18$

2

$5 \times 1 = \boxed{}$

$5 \times 2 = 10$

$5 \times 3 = 15$

$5 \times 4 = \boxed{}$

$5 \times 5 = \boxed{}$

$5 \times 6 = 30$

$5 \times 7 = \boxed{}$

$5 \times 8 = 40$

$5 \times 9 = \boxed{}$

🌱 □ 안에 알맞은 수를 쓰세요.

$$2 \times 1 = 2$$
$$2 \times 2 = \boxed{4} \quad \curvearrowright +2$$
$$2 \times 3 = \boxed{6} \quad \curvearrowright +2$$

❶
$$2 \times 3 = 6$$
$$2 \times 4 = \boxed{} \quad \curvearrowright +2$$
$$2 \times 5 = \boxed{} \quad \curvearrowright +2$$

❷
$$5 \times 2 = 10$$
$$5 \times 3 = \boxed{} \quad \curvearrowright +5$$
$$5 \times 4 = \boxed{} \quad \curvearrowright +5$$

❸
$$2 \times 5 = 10$$
$$2 \times 6 = \boxed{} \quad \curvearrowright +2$$
$$2 \times 7 = \boxed{} \quad \curvearrowright +2$$

❹
$$5 \times 5 = 25$$
$$5 \times 6 = \boxed{} \quad \curvearrowright +5$$
$$5 \times 7 = \boxed{} \quad \curvearrowright +5$$

❺
$$2 \times 7 = 14$$
$$2 \times 8 = \boxed{} \quad \curvearrowright +2$$
$$2 \times 9 = \boxed{} \quad \curvearrowright +2$$

❻
$$5 \times 7 = 35$$
$$5 \times 8 = \boxed{} \quad \curvearrowright +5$$
$$5 \times 9 = \boxed{} \quad \curvearrowright +5$$

현우와 큐리는 3과 4의 단 곱셈구구를 외우고 있어요.

$$3\times1=3 \qquad 4\times1=4$$
$$3\times2=6 \qquad 4\times2=8$$
$$3\times3=9 \qquad 4\times3=12$$
$$3\times4=12 \qquad 4\times4=16$$
$$3\times5=15 \qquad 4\times5=20$$
$$3\times6=18 \qquad 4\times6=24$$
$$3\times7=21 \qquad 4\times7=28$$
$$3\times8=24 \qquad 4\times8=32$$
$$3\times9=27 \qquad 4\times9=36$$

🌳 3과 4의 단 곱셈구구를 외워 ☐ 안에 알맞은 수를 쓰세요.

❶
$$3 \times 1 = 3$$
$$3 \times 2 = \Box$$
$$3 \times 3 = \Box$$
$$3 \times 4 = 12$$
$$3 \times 5 = \Box$$
$$3 \times 6 = 18$$
$$3 \times 7 = \Box$$
$$3 \times 8 = 24$$
$$3 \times 9 = 27$$

❷
$$4 \times 1 = \Box$$
$$4 \times 2 = 8$$
$$4 \times 3 = 12$$
$$4 \times 4 = \Box$$
$$4 \times 5 = \Box$$
$$4 \times 6 = 24$$
$$4 \times 7 = \Box$$
$$4 \times 8 = 32$$
$$4 \times 9 = \Box$$

● □ 안에 알맞은 수를 쓰세요.

$$3 \times 1 = 3$$
$$3 \times 2 = \boxed{6} \quad +3$$
$$3 \times 3 = \boxed{9} \quad +3$$

❶
$$3 \times 3 = 9$$
$$3 \times 4 = \boxed{} \quad +3$$
$$3 \times 5 = \boxed{} \quad +3$$

❷
$$4 \times 2 = 8$$
$$4 \times 3 = \boxed{} \quad +4$$
$$4 \times 4 = \boxed{} \quad +4$$

❸
$$3 \times 5 = 15$$
$$3 \times 6 = \boxed{} \quad +3$$
$$3 \times 7 = \boxed{} \quad +3$$

❹
$$4 \times 5 = 20$$
$$4 \times 6 = \boxed{} \quad +4$$
$$4 \times 7 = \boxed{} \quad +4$$

❺
$$3 \times 7 = 21$$
$$3 \times 8 = \boxed{} \quad +3$$
$$3 \times 9 = \boxed{} \quad +3$$

❻
$$4 \times 7 = 28$$
$$4 \times 8 = \boxed{} \quad +4$$
$$4 \times 9 = \boxed{} \quad +4$$

444 2~5의 단 곱셈표

태돌이와 큐리는 곱셈구구표를 보고 있어요.

×	1	2	3	4	5	6	7	8	9
2	2	4	6	8	10	12	14	16	18
3	3	6	9	12	15	18	21	24	27
4	4	8	12	16	20	24	28	32	36
5	5	10	15	20	25	30	35	40	45

🌳 곱셈표의 빈칸에 알맞은 수를 쓰세요.

❶

×	3	4	5	6
2				

❷

×	2	3	4	5
3				

❸

×	3	4	5	6
4				

❹

×	2	3	4	5
5				

곱셈표의 빈칸에 알맞은 수를 쓰세요.

×	3	4	5
2	6	4	10 (2×5)
3	9 (3×3)	12	15 (3×5)
4	12	16 (4×4)	20

①

×	2	3	4
3	6	9	
4		12	
5			20

②

×	5	6	7
2		12	14
3	15		
4		24	

③

×	7	8	9
2			18
3	21	24	
4		32	

④

×	5	6	7
3	15	18	
4		24	
5			35

티나와 현우는 트럭에 타려고 해요.

🌳 곱셈표의 빈칸에 알맞은 수를 쓰세요.

❶

×	2	5
3		
2		

❷

×	6	3
4		
3		

❸

×	9	8
2		
5		

❹

×	2	7
5		
4		

🌳 **곱셈표의 빈칸에 알맞은 수를 쓰세요.**

×	7	5	4	2
3	21	15	12	6

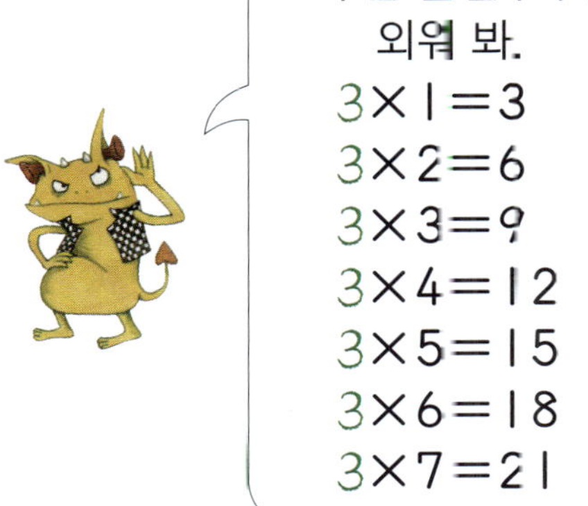

❶

×	9	3	5	7
2				

❷

×	3	9	8	5
4				

❸

×	4	8	7	3
5				

❹

×	8	9	1	5
3				

❺

×	2	7	4	6
4				

❻

×	6	5	8	2
5				

곱셈 문제 해결

큐리와 태돌이는 과녁에 화살을 맞혔어요.

🌱 과녁에 화살이 꽂힌 두 수의 곱을 구하세요.

➊ 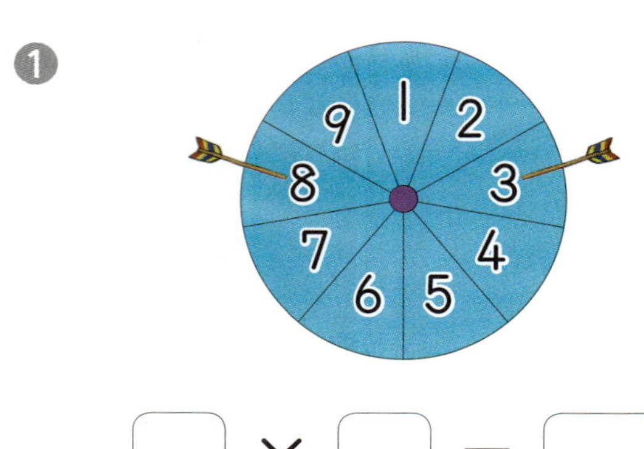

☐ × ☐ = ☐

➋

☐ × ☐ = ☐

➌ 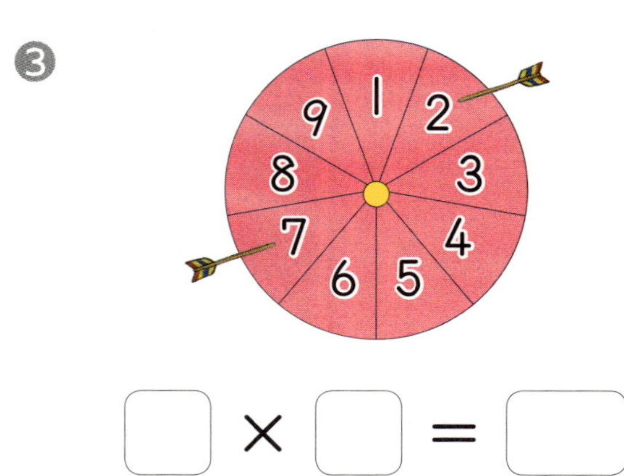

☐ × ☐ = ☐

➍ 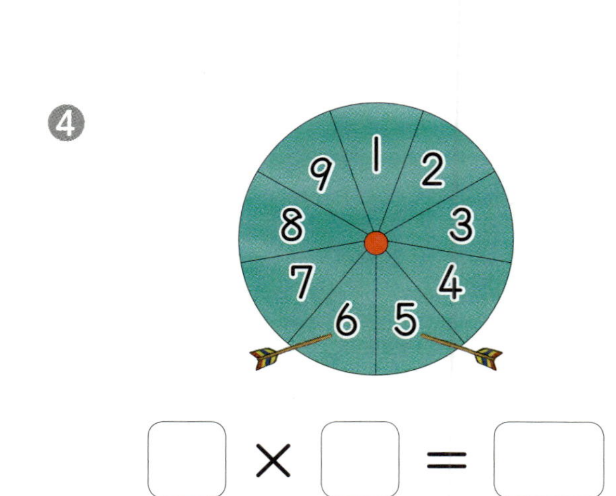

☐ × ☐ = ☐

$5 \times 3 = 15$

❶
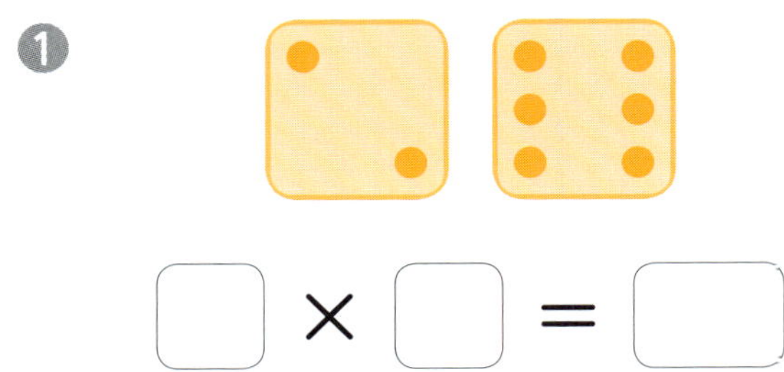

$\boxed{} \times \boxed{} = \boxed{}$

❷

$\boxed{} \times \boxed{} = \boxed{}$

❸

$\boxed{} \times \boxed{} = \boxed{}$

❹
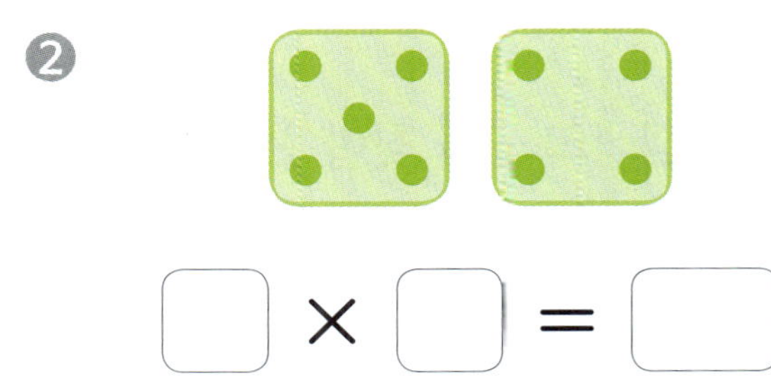

$\boxed{} \times \boxed{} = \boxed{}$

❺
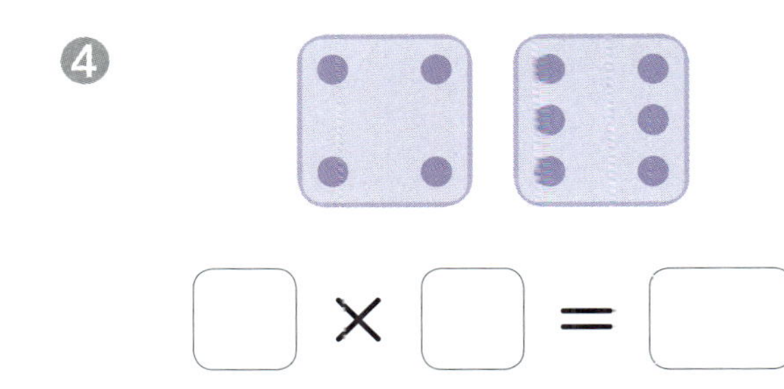

$\boxed{} \times \boxed{} = \boxed{}$

❻
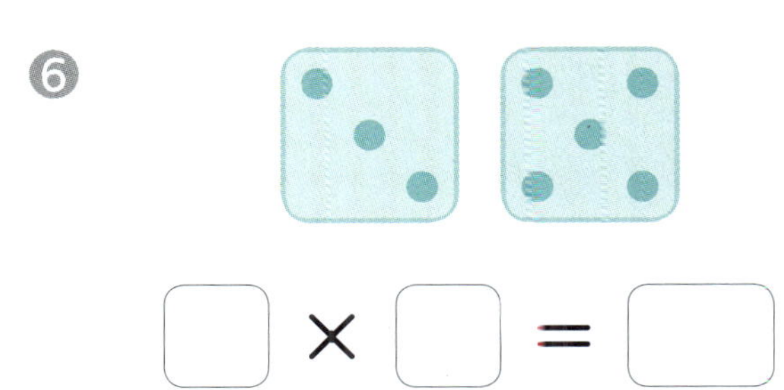

$\boxed{} \times \boxed{} = \boxed{}$

티나와 현우는 성문을 통과하려고 해요.

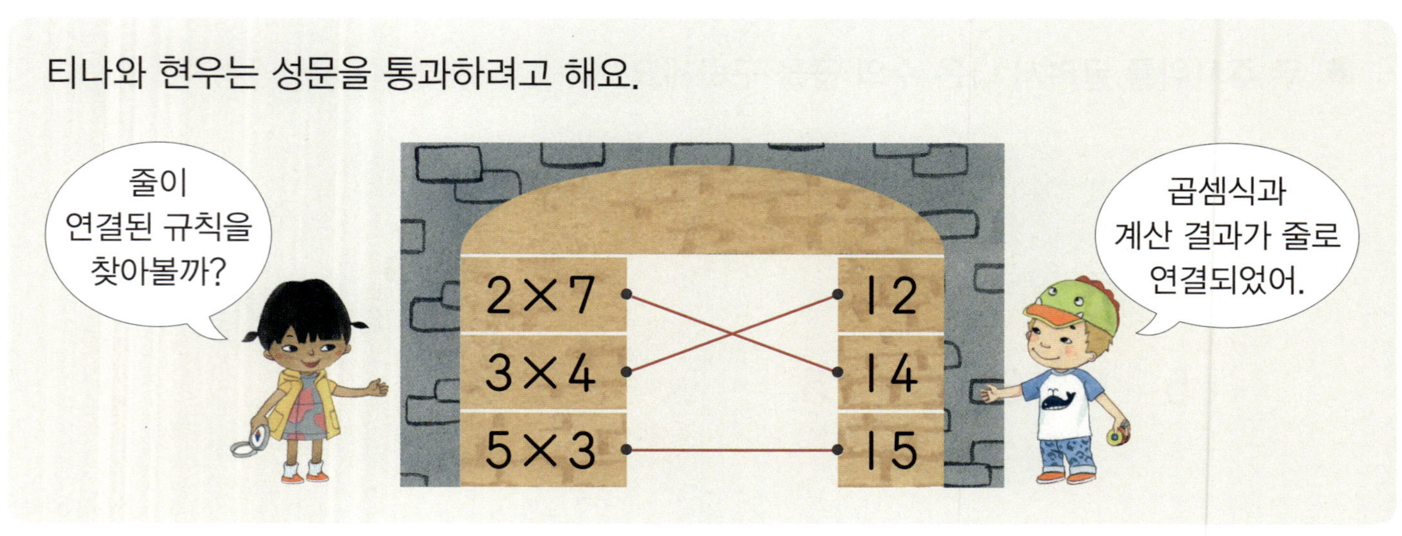

🌳 곱셈식의 곱을 찾아 선으로 이으세요.

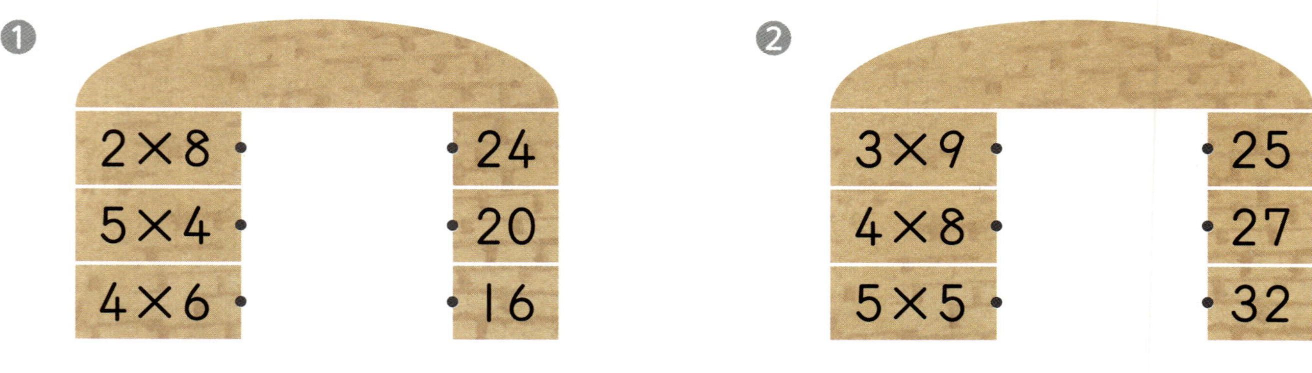

🌳 곱셈식이 완성되도록 선을 그으세요.

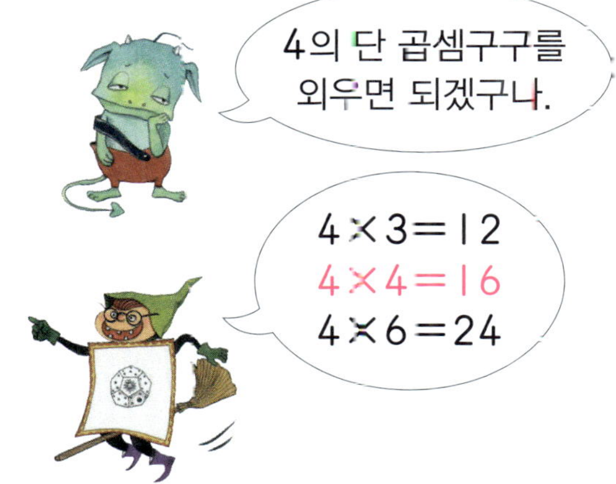

❶
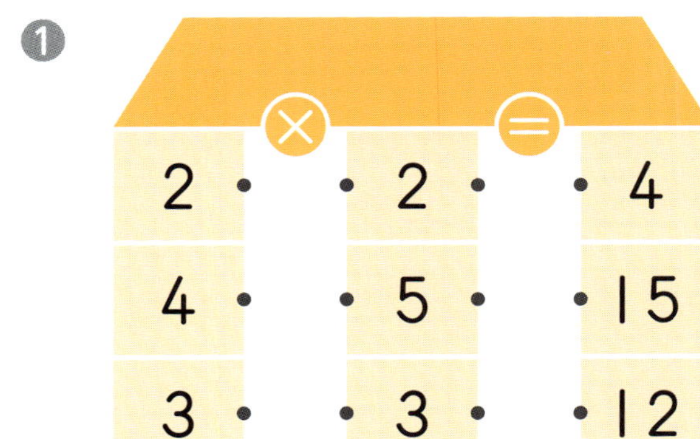

❷

❸

❹

무엇을 배웠을까요

❶ 

$$4 \times \boxed{} = \boxed{}$$

❷ 

$$2 \times \boxed{} = \boxed{}$$

곤충의 수를 덧셈식과 곱셈식으로 나타내세요.

❸ 

$$\boxed{} + \boxed{} + \boxed{} + \boxed{} + \boxed{} = \boxed{}$$

$$3 \times \boxed{} = \boxed{}$$

❹ 

$$\boxed{} + \boxed{} + \boxed{} + \boxed{} = \boxed{}$$

$$5 \times \boxed{} = \boxed{}$$

❺

$$\boxed{} + \boxed{} + \boxed{} + \boxed{} + \boxed{} = \boxed{}$$

$$4 \times \boxed{} = \boxed{}$$

🌲 □ 안에 알맞은 수를 쓰세요.

❻
$2 \times 7 = 14$
$2 \times 8 = \boxed{}$ ⤵ +2
$2 \times 9 = \boxed{}$ ⤵ +2

❼
$5 \times 5 = 25$
$5 \times 6 = \boxed{}$ ⤵ +5
$5 \times 7 = \boxed{}$ ⤵ +5

🌲 곱셈표의 빈칸에 알맞은 수를 쓰세요.

❽

×	7	8	9
2	14		
3		24	
4		32	

❾

×	5	6	7
3		18	
4			28
5			35

🌲 곱셈식이 완성되도록 선을 그으세요.

❿ 

⓫ 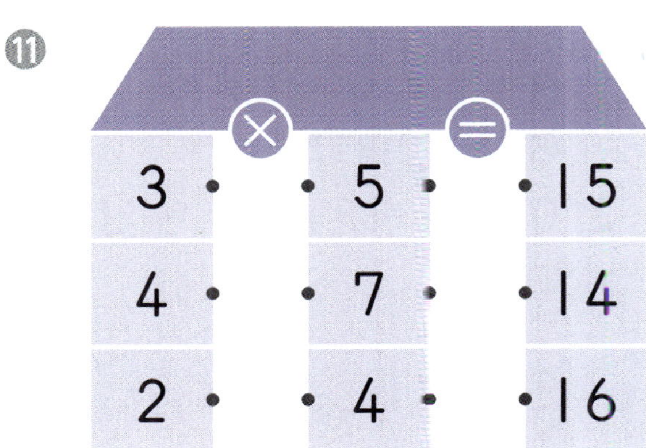

연산력 게임

QR코드를 찍으면 다양한 연산 게임을 할 수 있어요.

빈 곳에 들어갈 블록은 무엇일까요?

아래쪽에서 빈 곳에 들어갈 알맞은 수를 찾아 손가락으로 끌어서 넣으세요.
18을 넣으면 정답입니다.

메모장에 들어갈 수는 무엇일까요?

곱셈을 하여 오른쪽의 키패드로 알맞은 수를 입력한 뒤 확인 버튼을 눌러 주세요.
2, 0, 확인 버튼을 누르면 정답입니다.

6~9의 단 곱셈구구

▶ 연산 보충 학습(104~105쪽)에서 더 풀어 보세요.

학부모 지도 가이드

'6×7'이나 '9×8'과 같이 6~9의 단 곱셈구구를 배웁니다. 아이들이 곱셈구구를 다 외우지 못하였어도 바꾸어 곱하기를 이용하면 되는 것을 이해할 수 있도록 지도합니다.

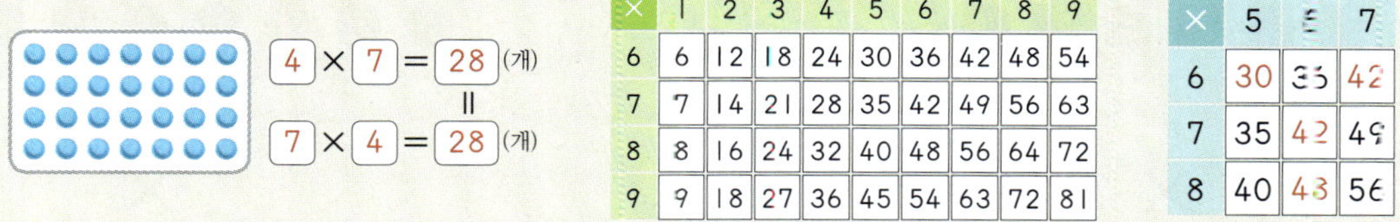

$4 \times 7 = 28$ (개)
$\parallel$
$7 \times 4 = 28$ (개)

×	1	2	3	4	5	6	7	8	9
6	6	12	18	24	30	36	42	48	54
7	7	14	21	28	35	42	49	56	63
8	8	16	24	32	40	48	56	64	72
9	9	18	27	36	45	54	63	72	81

×	5	6	7
6	30	36	42
7	35	42	49
8	40	48	56

또한 아이들이 '몇씩 몇 묶음'을 '몇의 몇 배'로 나타낼 수 있도록 지도하여 스스르 곱셈의 필요성을 깨닫고 곱셈에 흥미를 가질 수 있게 합니다.

바꾸어 곱하기

태돌이와 큐리는 쿠키의 수를 세고 있어요.

🌳 쿠키를 2가지 방법으로 세어 ☐ 안에 알맞은 수를 쓰세요.

❶

☐ × ☐

☐ × ☐

❷

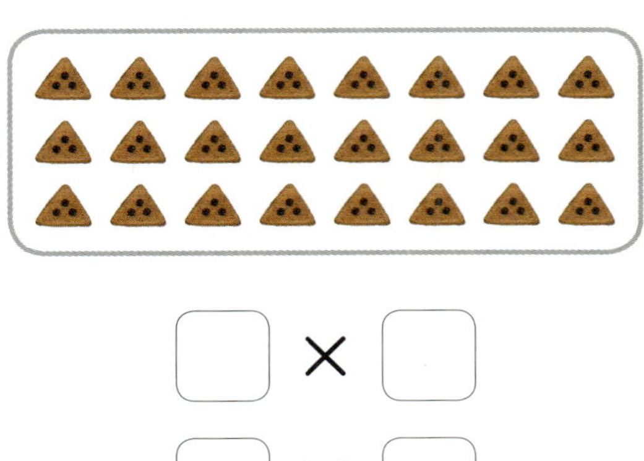

☐ × ☐

☐ × ☐

❸

☐ × ☐

☐ × ☐

❹

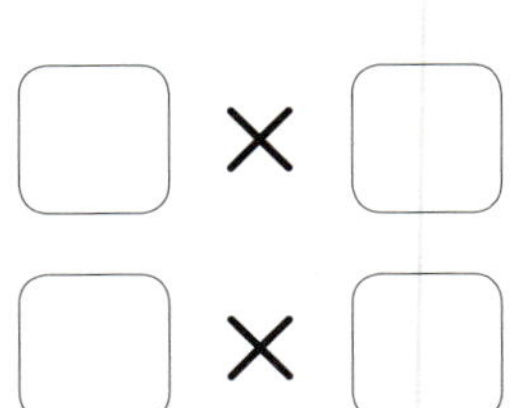

☐ × ☐

☐ × ☐

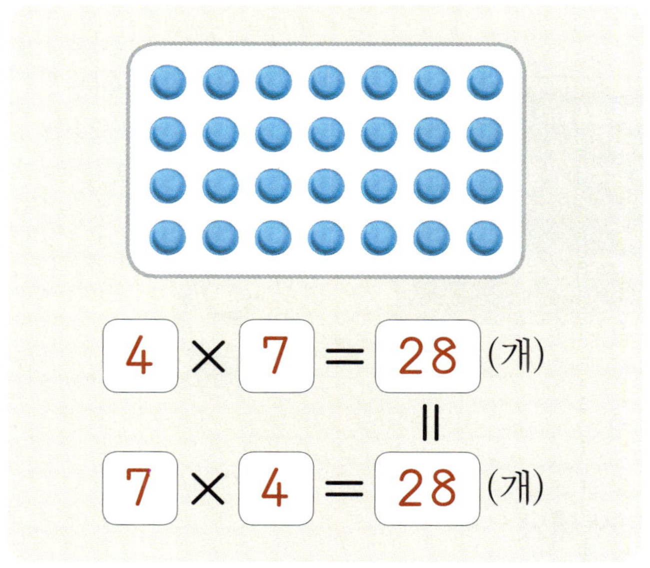

$4 \times 7 = 28$ (개)
$=$
$7 \times 4 = 28$ (개)

❶

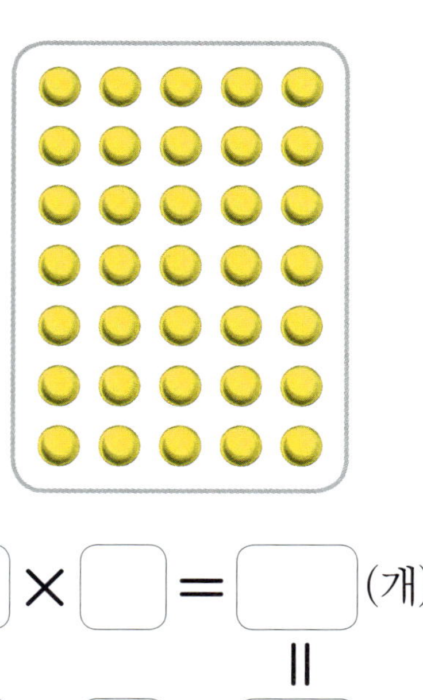

☐ $\times$ ☐ $=$ ☐ (개)
$=$
☐ $\times$ ☐ $=$ ☐ (개)

❷

☐ $\times$ ☐ $=$ ☐ (개)
$=$
☐ $\times$ ☐ $=$ ☐ (개)

티나와 현우는 6의 단 곱셈을 알아보려고 해요.

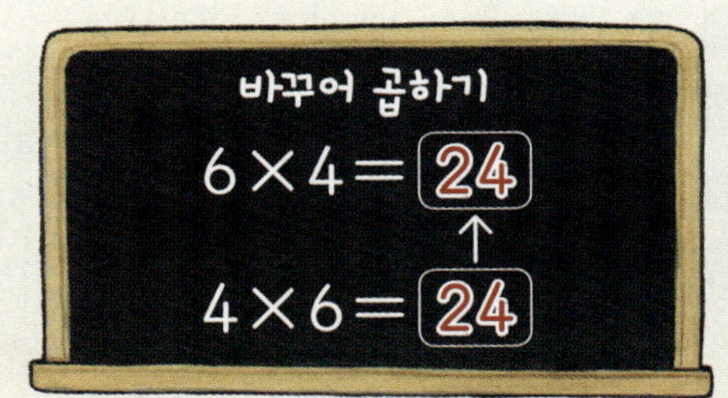

🌳 바꾸어 곱하기를 하여 ☐ 안에 알맞은 수를 쓰세요.

❶ $7 \times 3 =$ ☐
  $3 \times 7 =$ ☐

❷ $9 \times 2 =$ ☐
  $2 \times 9 =$ ☐

❸ $6 \times 4 =$ ☐
  $4 \times 6 =$ ☐

❹ $8 \times 5 =$ ☐
  $5 \times 8 =$ ☐

❺ $8 \times 3 =$ ☐
  $3 \times 8 =$ ☐

❻ $7 \times 6 =$ ☐
  $6 \times 7 =$ ☐

$5 \times 7 = \boxed{35}$

$7 \times 5 = \boxed{35}$

❶ $3 \times 8 = \boxed{}$

$8 \times 3 = \boxed{}$

❷ $2 \times 6 = \boxed{}$

$6 \times 2 = \boxed{}$

❸ $4 \times 9 = \boxed{}$

$9 \times 4 = \boxed{}$

❹ $5 \times 8 = \boxed{}$

$8 \times 5 = \boxed{}$

❺ $2 \times 7 = \boxed{}$

$7 \times 2 = \boxed{}$

❻ $3 \times 6 = \boxed{}$

$6 \times 3 = \boxed{}$

❼ $5 \times 9 = \boxed{}$

$9 \times 5 = \boxed{}$

❽ $4 \times 7 = \boxed{}$

$7 \times 4 = \boxed{}$

6에서 9까지의 앞단

큐리와 태돌이는 6과 7의 단 곱셈구구 중에서 앞단을 외우고 있어요.

$$6 \times 1 = 6$$
$$6 \times 2 = 12 \quad \big\rangle +6$$
$$6 \times 3 = 18 \quad \big\rangle +6$$
$$6 \times 4 = 24 \quad \big\rangle +6$$
$$6 \times 5 = 30 \quad \big\rangle +6$$

$$7 \times 1 = 7$$
$$7 \times 2 = 14 \quad \big\rangle +7$$
$$7 \times 3 = 21 \quad \big\rangle +7$$
$$7 \times 4 = 28 \quad \big\rangle +7$$
$$7 \times 5 = 35 \quad \big\rangle +7$$

🌳 6과 7의 단 곱셈구구를 외워 ☐ 안에 알맞은 수를 쓰세요.

❶
$$6 \times 2 = 12$$
$$6 \times 3 = \boxed{} \quad \big\rangle +6$$

❷
$$7 \times 2 = 14$$
$$7 \times 3 = \boxed{} \quad \big\rangle +7$$

❸
$$6 \times 3 = 18$$
$$6 \times 4 = \boxed{} \quad \big\rangle +6$$

❹
$$7 \times 3 = 21$$
$$7 \times 4 = \boxed{} \quad \big\rangle +7$$

❺
$$6 \times 4 = 24$$
$$6 \times 5 = \boxed{} \quad \big\rangle +6$$

❻
$$7 \times 4 = 28$$
$$7 \times 5 = \boxed{} \quad \big\rangle +7$$

곱셈을 하세요.

$$6 \times 3 = \boxed{18}$$

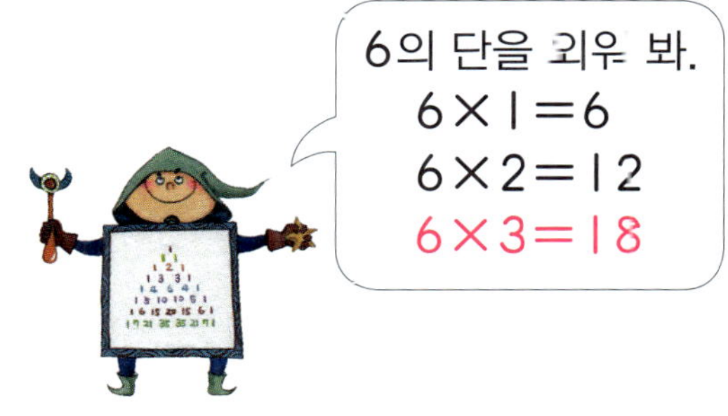

❶ $6 \times 2 = \boxed{}$

❷ $7 \times 2 = \boxed{}$

❸ $6 \times 5 = \boxed{}$

❹ $7 \times 5 = \boxed{}$

❺ $6 \times 4 = \boxed{}$

❻ $7 \times 4 = \boxed{}$

❼ $6 \times 1 = \boxed{}$

❽ $7 \times 3 = \boxed{}$

현우와 티나는 8과 9의 단 곱셈구구 중에서 앞단을 외우고 있어요.

$8 \times 1 = 8$
$8 \times 2 = 16$ $\ +8$
$8 \times 3 = 24$ $\ +8$
$8 \times 4 = 32$ $\ +8$
$8 \times 5 = 40$ $\ +8$

$9 \times 1 = 9$
$9 \times 2 = 18$ $\ +9$
$9 \times 3 = 27$ $\ +9$
$9 \times 4 = 36$ $\ +9$
$9 \times 5 = 45$ $\ +9$

🌳 8과 9의 단 곱셈구구를 외워 ☐ 안에 알맞은 수를 쓰세요.

❶
$8 \times 2 = 16$
$8 \times 3 = \boxed{}$ $\ +8$

❷
$9 \times 2 = 18$
$9 \times 3 = \boxed{}$ $\ +9$

❸
$8 \times 3 = 24$
$8 \times 4 = \boxed{}$ $\ +8$

❹
$9 \times 3 = 27$
$9 \times 4 = \boxed{}$ $\ +9$

❺
$8 \times 4 = 32$
$8 \times 5 = \boxed{}$ $\ +8$

❻
$9 \times 4 = 36$
$9 \times 5 = \boxed{}$ $\ +9$

$$8 \times 3 = \boxed{24}$$

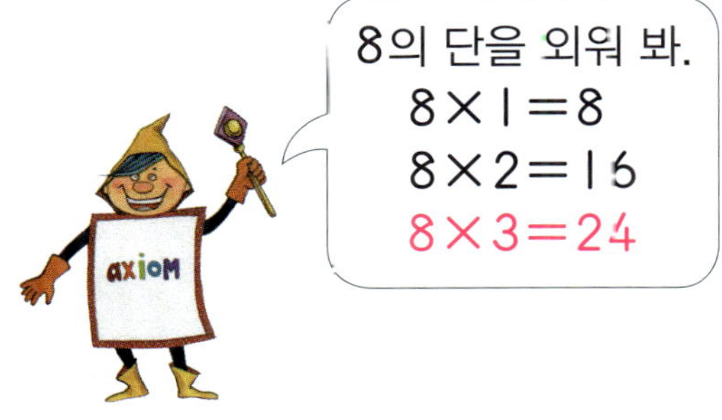

① $8 \times 2 = \boxed{}$ ② $9 \times 2 = \boxed{}$

③ $8 \times 5 = \boxed{}$ ④ $9 \times 5 = \boxed{}$

⑤ $8 \times 4 = \boxed{}$ ⑥ $9 \times 4 = \boxed{}$

⑦ $8 \times 1 = \boxed{}$ ⑧ $9 \times 3 = \boxed{}$

6에서 9까지의 뒷단

태돌이와 큐리는 6과 7의 단 곱셈구구 중에서 뒷단을 외우고 있어요.

$6 \times 5 = 30$
$6 \times 6 = 36$ $+6$
$6 \times 7 = 42$ $+6$
$6 \times 8 = 48$ $+6$
$6 \times 9 = 54$ $+6$

$7 \times 5 = 35$
$7 \times 6 = 42$ $+7$
$7 \times 7 = 49$ $+7$
$7 \times 8 = 56$ $+7$
$7 \times 9 = 63$ $+7$

🌱 6과 7의 단 곱셈구구를 외워 □ 안에 알맞은 수를 쓰세요.

❶
$6 \times 6 = 36$
$6 \times 7 = \boxed{}$ $+6$

❷
$7 \times 6 = 42$
$7 \times 7 = \boxed{}$ $+7$

❸
$6 \times 7 = 42$
$6 \times 8 = \boxed{}$ $+6$

❹
$7 \times 7 = 49$
$7 \times 8 = \boxed{}$ $+7$

❺
$6 \times 8 = 48$
$6 \times 9 = \boxed{}$ $+6$

❻
$7 \times 8 = 56$
$7 \times 9 = \boxed{}$ $+7$

곱셈을 하세요.

$6 \times 7 = \boxed{42}$

① $6 \times 5 = \boxed{}$ ② $7 \times 8 = \boxed{}$

③ $6 \times 9 = \boxed{}$ ④ $7 \times 9 = \boxed{}$

⑤ $6 \times 8 = \boxed{}$ ⑥ $7 \times 6 = \boxed{}$

⑦ $6 \times 6 = \boxed{}$ ⑧ $7 \times 7 = \boxed{}$

티나와 현우는 8과 9의 단 곱셈구구 중에서 뒷단을 외우고 있어요.

$$8 \times 5 = 40$$
$$8 \times 6 = 48 \quad \bigg\}+8$$
$$8 \times 7 = 56 \quad \bigg\}+8$$
$$8 \times 8 = 64 \quad \bigg\}+8$$
$$8 \times 9 = 72 \quad \bigg\}+8$$

$$9 \times 5 = 45$$
$$9 \times 6 = 54 \quad \bigg\}+9$$
$$9 \times 7 = 63 \quad \bigg\}+9$$
$$9 \times 8 = 72 \quad \bigg\}+9$$
$$9 \times 9 = 81 \quad \bigg\}+9$$

🌳 8과 9의 단 곱셈구구를 외워 ☐ 안에 알맞은 수를 쓰세요.

❶
$$8 \times 6 = 48$$
$$8 \times 7 = \boxed{} \quad \bigg\}+8$$

❷
$$9 \times 6 = 54$$
$$9 \times 7 = \boxed{} \quad \bigg\}+9$$

❸
$$8 \times 7 = 56$$
$$8 \times 8 = \boxed{} \quad \bigg\}+8$$

❹
$$9 \times 7 = 63$$
$$9 \times 8 = \boxed{} \quad \bigg\}+9$$

❺
$$8 \times 8 = 64$$
$$8 \times 9 = \boxed{} \quad \bigg\}+8$$

❻
$$9 \times 8 = 72$$
$$9 \times 9 = \boxed{} \quad \bigg\}+9$$

$9 \times 7 = \boxed{63}$

① $8 \times 7 = \boxed{}$

② $9 \times 5 = \boxed{}$

③ $8 \times 9 = \boxed{}$

④ $9 \times 9 = \boxed{}$

⑤ $8 \times 8 = \boxed{}$

⑥ $9 \times 8 = \boxed{}$

⑦ $8 \times 6 = \boxed{}$

⑧ $9 \times 6 = \boxed{}$

공부한 날

월

일

6~9의 단 곱셈표

큐리와 태돌이는 6~9의 단 곱셈구구표를 만들었어요.

×	1	2	3	4	5	6	7	8	9
6	6	12	18	24	30	36	42	48	54
7	7	14	21	28	35	42	49	56	63
8	8	16	24	32	40	48	56	64	72
9	9	18	27	36	45	54	63	72	81

🌲 곱셈표의 빈칸에 알맞은 수를 쓰세요.

❶

×	4	5	6	7
6				

❷

×	6	7	8	9
7				

❸

×	3	4	5	6
8				

❹

×	2	3	4	5
9				

🌳 **곱셈표의 빈칸에 알맞은 수를 쓰세요.**

×	5	6	7
6	30	36	42
7	35	42	49
8	40	48	56

❶

×	1	2	3
6	6		
7		14	21
8	8		

❷

×	7	8	9
6			54
7		56	
8	56		72

❸

×	3	4	5
7		28	
8			40
9	27		45

❹

×	5	6	7
7			49
8	40	48	
9			63

현우와 티나는 코끼리 열차를 타려고 해요.

곱셈표의 빈칸에 알맞은 수를 쓰세요.

❶

×	9	3	5	7
2				

❷

×	3	9	8	5
4				

❸

×	4	8	7	3
5				

❹

×	8	9	1	5
3				

🌳 곱셈표의 빈칸에 알맞은 수를 쓰세요.

×	5	7
6	30	42
9	45	63

❶

×	8	2
7		
8		

❷

×	4	6
9		
7		

❸

×	3	7
8		
6		

❹

×	5	9
6		
7		

공부한 날

월

일

곱셈 문제 해결

🌳 풍선에 쓰인 두 수의 곱을 빈 곳에 쓰세요.

❶ 

❷ 

❸ 

❹ 

❺ 

❻ 

🌳 화살이 가리키는 두 수의 곱을 구하세요.

$7 \times 8 = 56$

❶ 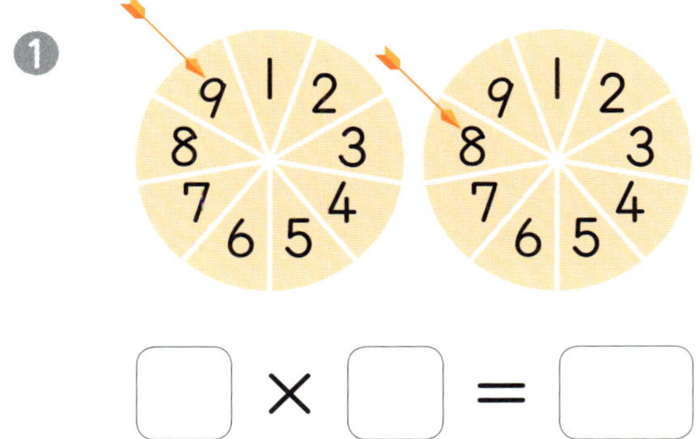

$\square \times \square = \square$

❷ 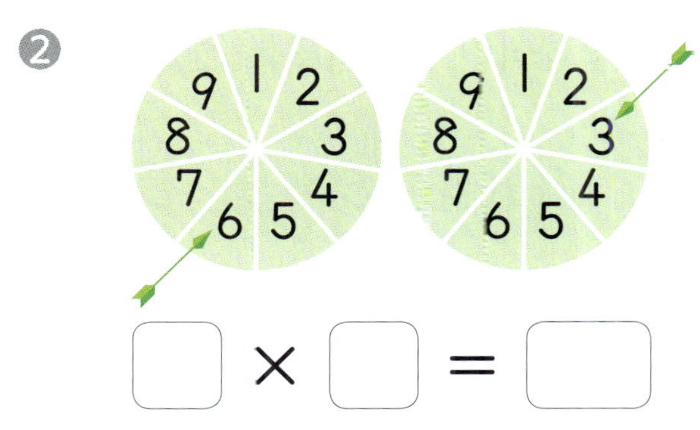

$\square \times \square = \square$

❸ 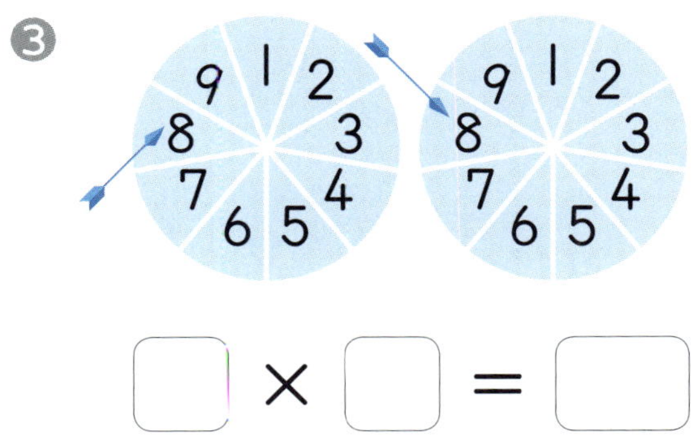

$\square \times \square = \square$

❹ 

$\square \times \square = \square$

동물들이 자기 집을 찾고 있어요.

🌳 곱셈식이 완성되도록 선을 그으세요.

❶
7×4　6×5　8×3

24　30　28

❷
6×6　7×7　8×8

49　64　36

❸
9×9　6×9　9×8

54　72　81

❹
8×5　7×6　9×5

42　40　45

곱셈식이 완성되도록 선을 그으세요.

× =
6 3 24
9 4 27
7 6 42

6의 단 곱셈구구를
외우면 되겠어.
6×3= 8
6×4=24
6×6=36

❶

× =
8 8 30
6 5 24
9 3 72

❷

× =
6 5 30
7 4 63
9 9 36

공부한 날
월
일

❸

× =
7 6 42
8 9 54
6 8 64

❹

× =
9 4 40
7 7 36
8 5 49

무엇을 배웠을까요

🌲 구슬을 2가지 방법으로 세어 ☐ 안에 알맞은 수를 쓰세요.

❶

☐ × ☐ = ☐ (개)
‖
☐ × ☐ = ☐ (개)

❷

☐ × ☐ = ☐ (개)
‖
☐ × ☐ = ☐ (개)

🌲 바꾸어 곱하기를 하여 ☐ 안에 알맞은 수를 쓰세요.

❸ 5 × 8 = ☐

  8 × 5 = ☐

❹ 3 × 7 = ☐

  7 × 3 = ☐

🌲 곱셈을 하세요.

❺ 8 × 8 = ☐

❻ 9 × 5 = ☐

🌲 곱셈표의 빈칸에 알맞은 수를 쓰세요.

❼

×	3	4	5
7	21		
8		32	
9			45

❽

×	6	7	8
7	42		
8		56	
9			72

🌲 화살이 가리키는 두 수의 곱을 구하세요.

❾ 

☐ × ☐ = ☐

❿ 

☐ × ☐ = ☐

🌲 곱셈식이 완성되도록 선을 그으세요.

⓫ 

⓬ 

연산력 게임

QR코드를 찍으면 다양한 연산 게임을 할 수 있어요.

곱셈식을 풀어 볼까요?

곱셈을 하여 아래쪽에서 알맞은 수를 찾아 손가락으로 눌러 주세요.
24를 누르면 정답입니다.

메모장에 들어갈 수는 무엇일까요?

곱셈을 하여 오른쪽의 키패드로 알맞은 수를 입력한 뒤 확인 버튼을 눌러 주세요.
24를 입력하면 정답입니다.

곱셈구구

▶ 연산 보충 학습(106 ～ 107 쪽)에서 더 풀어 보세요.

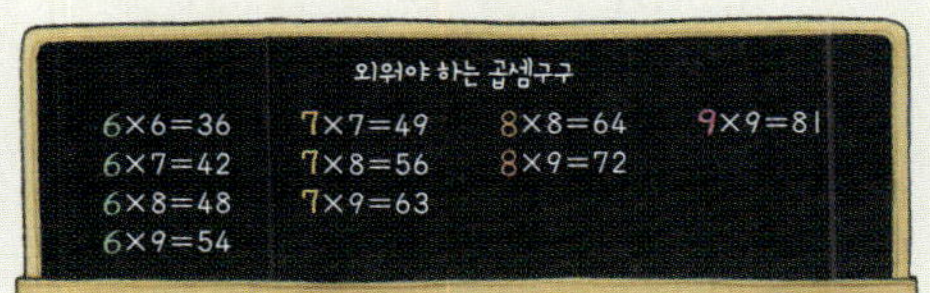

2~9의 단 곱셈구구를 배웁니다. 아이들이 2의 단에서 9의 단까지 곱셈구구의 구성 원리와 여러 가지 계산 방법을 이용하여 곱셈구구표를 만들고 외울 수 있게 지도합니다.

외워야 하는 곱셈구구

6×6=36	7×7=49	8×8=64	9×9=81
6×7=42	7×8=56	8×9=72	
6×8=48	7×9=63		
6×9=54			

×	1	2	3	4	5	6	7	8	9
2	2	4	6	8	10	12	14	16	18
일의 자리 숫자	2	4	6	8	0	2	4	6	8

또한 아이들이 곱셈구구표를 기초로 한 자리 수의 곱셈을 익숙하게 하고 곱셈구구를 활용하여 일상생활의 문제를 해결할 수 있게 합니다.

곱셈구구

태돌이와 큐리는 구구단 게임을 해요.

🌳 곱셈을 하여 □ 안에 알맞은 수를 쓰세요.

❶
$2 \times 5 =$ ☐
$2 \times 9 =$ ☐
$2 \times 6 =$ ☐
$2 \times 7 =$ ☐

❷
$3 \times 4 =$ ☐
$3 \times 8 =$ ☐
$3 \times 7 =$ ☐
$3 \times 9 =$ ☐

❸
$4 \times 4 =$ ☐
$4 \times 7 =$ ☐
$4 \times 9 =$ ☐
$4 \times 8 =$ ☐

❹
$5 \times 9 =$ ☐
$5 \times 4 =$ ☐
$5 \times 6 =$ ☐
$5 \times 8 =$ ☐

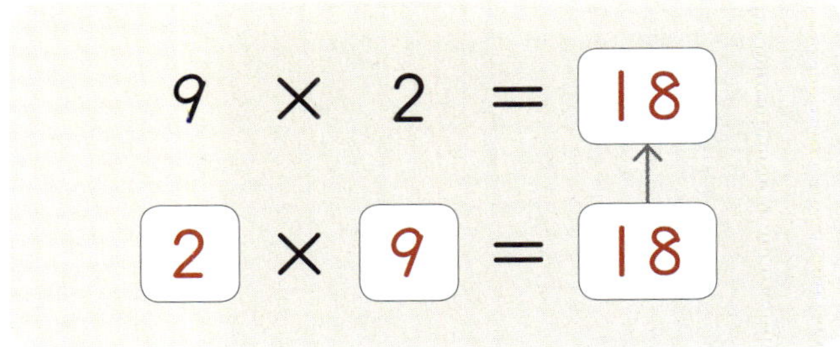

$$9 \times 2 = 18$$
$$2 \times 9 = 18$$

❶ $6 \times 5 = \square$
$\square \times \square = \square$

❷ $7 \times 3 = \square$
$\square \times \square = \square$

❸ $8 \times 4 = \square$
$\square \times \square = \square$

❹ $9 \times 4 = \square$
$\square \times \square = \square$

❺ $7 \times 5 = \square$
$\square \times \square = \square$

❻ $6 \times 3 = \square$
$\square \times \square = \square$

❼ $9 \times 5 = \square$
$\square \times \square = \square$

❽ $8 \times 2 = \square$
$\square \times \square = \square$

티나와 현우는 6, 7, 8, 9의 단 곱셈구구를 외우고 있어요.

외워야 하는 곱셈구구

$6 \times 6 = 36$ $7 \times 7 = 49$ $8 \times 8 = 64$ $9 \times 9 = 81$
$6 \times 7 = 42$ $7 \times 8 = 56$ $8 \times 9 = 72$
$6 \times 8 = 48$ $7 \times 9 = 63$
$6 \times 9 = 54$

🌳 구구단을 외워 ☐ 안에 알맞은 수를 쓰세요.

❶
$6 \times 8 = \boxed{}$
$8 \times 6 = \boxed{}$

❷
$7 \times 8 = \boxed{}$
$8 \times 7 = \boxed{}$

❸
$8 \times 9 = \boxed{}$
$9 \times 8 = \boxed{}$

❹
$6 \times 9 = \boxed{}$
$9 \times 6 = \boxed{}$

❺
$6 \times 7 = \boxed{}$
$7 \times 6 = \boxed{}$

❻
$7 \times 9 = \boxed{}$
$9 \times 7 = \boxed{}$

🌳 곱셈을 하세요.

$$8 \times 7 = \boxed{56}$$
$$8 \times 3 = \boxed{24}$$
$$8 \times 8 = \boxed{64}$$

①
$$6 \times 9 = \boxed{}$$
$$6 \times 4 = \boxed{}$$
$$6 \times 6 = \boxed{}$$

②
$$7 \times 4 = \boxed{}$$
$$7 \times 7 = \boxed{}$$
$$7 \times 9 = \boxed{}$$

③
$$8 \times 5 = \boxed{}$$
$$8 \times 9 = \boxed{}$$
$$8 \times 6 = \boxed{}$$

④
$$9 \times 4 = \boxed{}$$
$$9 \times 8 = \boxed{}$$
$$9 \times 7 = \boxed{}$$

⑤
$$7 \times 6 = \boxed{}$$
$$7 \times 3 = \boxed{}$$
$$7 \times 8 = \boxed{}$$

⑥
$$6 \times 5 = \boxed{}$$
$$6 \times 7 = \boxed{}$$
$$6 \times 8 = \boxed{}$$

공부한 날

월

일

신기한 곱셈구구

큐리와 태돌이는 5의 단 곱셈구구를 외우고 있어요.

$5×1= 5 → 5$
$5×2=10 → 0$
$5×3=15 → 5$
$5×4=20 → 0$
$5×5=25 → 5$
$5×6=30 → 0$
$5×7=35 → 5$
$5×8=40 → 0$
$5×9=45 → 5$

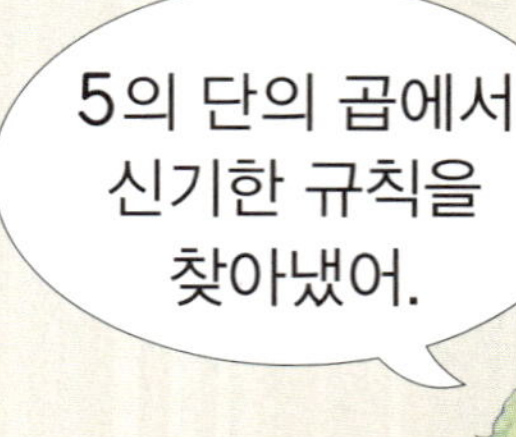

🌳 곱셈을 한 다음 곱의 일의 자리 숫자를 쓰세요.

①

7 × 1 = ☐ → ☐ 일의 자리 숫자

7 × 2 = ☐ → ☐ 일의 자리 숫자

7 × 3 = ☐ → ☐ 일의 자리 숫자

7 × 4 = ☐ → ☐ 일의 자리 숫자

7 × 5 = ☐ → ☐ 일의 자리 숫자

7 × 6 = ☐ → ☐ 일의 자리 숫자

7 × 7 = ☐ → ☐ 일의 자리 숫자

7 × 8 = ☐ → ☐ 일의 자리 숫자

7 × 9 = ☐ → ☐ 일의 자리 숫자

● 곱셈구구표를 완성한 다음 곱의 일의 자리 숫자를 쓰세요.

×	1	2	3	4	5	6	7	8	9
2	2	4	6	8	10	12	14	16	18
일의 자리 숫자	2	4	6	8	0	2	4	6	8

①

×	1	2	3	4	5	6	7	8	9
3	3	6	9	12	15				
일의 자리 숫자									

②

×	1	2	3	4	5	6	7	8	9
9	9	18	27						
일의 자리 숫자									

③

×	1	2	3	4	5	6	7	8	9
6									
일의 자리 숫자									

3의 단의 곱의 일의 자리 숫자로 0에서부터 시작하여 원 위에 모양을 그렸어요.

×	1	2	3	4	5	6	7	8	9
3	3	6	9	12	15	18	21	24	27
일의 자리 숫자	3	6	9	2	5	8	1	4	7

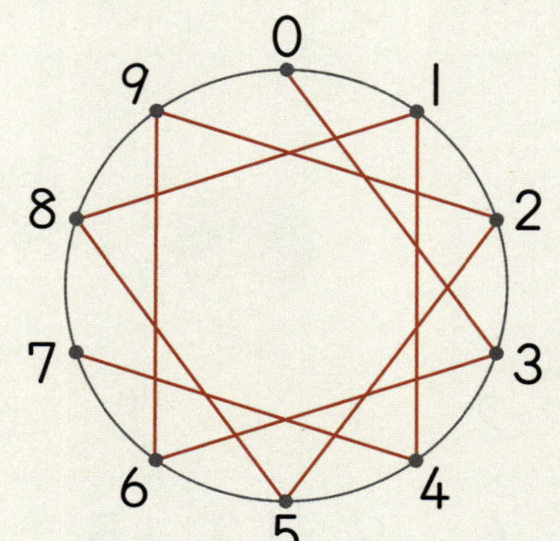

🌳 0에서부터 시작하여 9의 단의 곱의 일의 자리 숫자를 차례대로 이으세요.

①

×	1	2	3	4	5	6	7	8	9
9	9	18	27	36	45	54	63	72	81
일의 자리 숫자	9	8	7	6	5	4	3	2	1

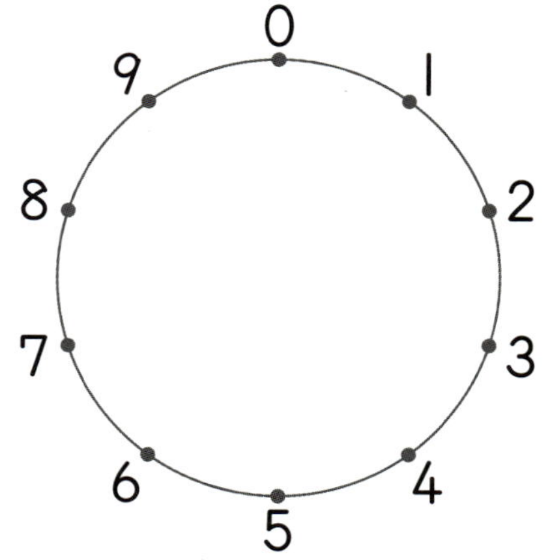

🌳 0에서부터 시작하여 각 단의 곱의 일의 자리 숫자를 차례대로 이으세요.

6의 단

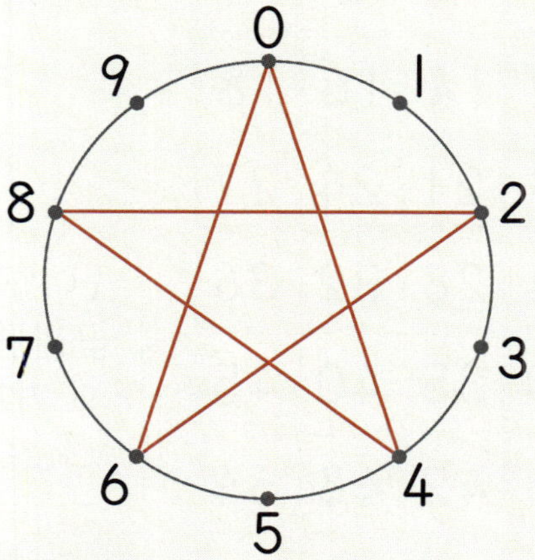

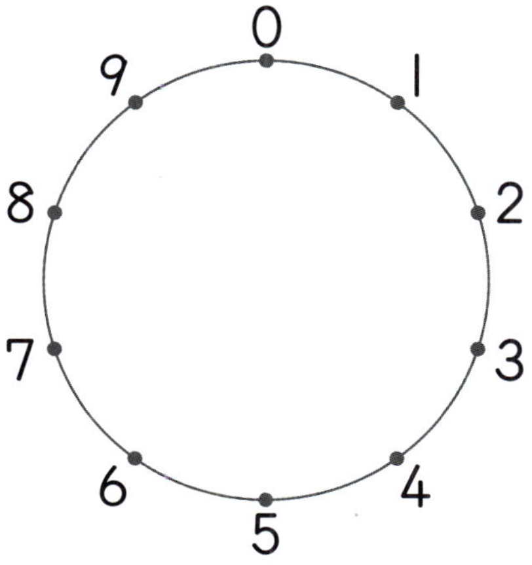

공부한 날

월

일

❶ **2의 단**

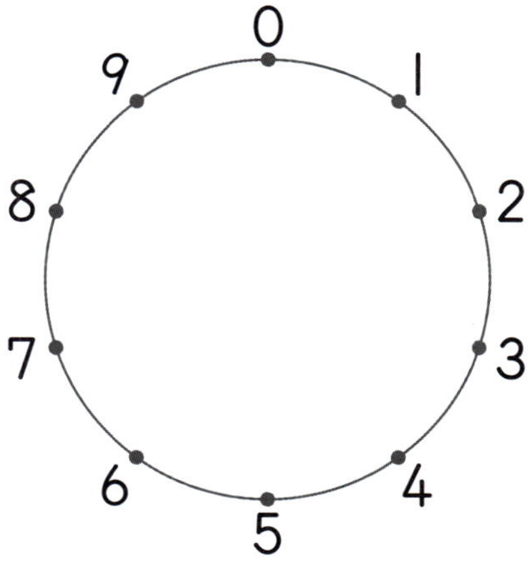

❷ **4의 단**

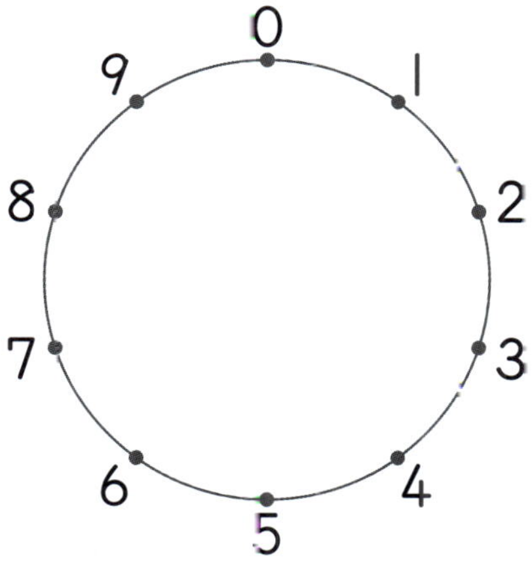

❸ **7의 단**

453 곱셈표

태돌이와 큐리는 곱셈구구표를 만들었어요.

×	1	2	3	4	5	6	7	8	9
1	1	2	3	4	5	6	7	8	9
2	2	4	6	8	10	12	14	16	18
3	3	6	9	12	15	18	21	24	27
4	4	8	12	16	20	24	28	32	36
5	5	10	15	20	25	30	35	40	45
6	6	12	18	24	30	36	42	48	54
7	7	14	21	28	35	42	49	56	63
8	8	16	24	32	40	48	56	64	72
9	9	18	27	36	45	54	63	72	81

🌳 곱셈표의 빈칸에 알맞은 수를 쓰세요.

❶

×	7	8	9
2	14		
3		24	27
4	28		
5		40	

❷

×	5	6	7
4			28
5		30	
6	30		42
7		42	

🌳 **곱셈표의 빈칸에 알맞은 수를 쓰세요.**

×	2	3	4	5
4	8 (4×2)	12	16 (4×4)	20 (4×5)
5	10	15 (5×3)	20	25 (5×5)

❶

×	4	5	6	7
2		10	12	
3	12			21

❷

×	6	7	8	9
5				45
6	36		48	

❸

×	6	7	8	9
7	42			
8			64	72
9		63		

❹

×	2	3	4	5
8				40
9			36	45
7		21		

티나와 현우는 트럭에 타려고 해요.

🌳 곱셈표의 빈칸에 알맞은 수를 쓰세요.

❶

×	2	5	4
2			
9			
3			

❷

×	6	3	9
7			
2			
9			

❸

×	1	2	3	4	5	6	7	8	9
4									
6									

🌳 곱셈구구표의 빈칸에 알맞은 수를 쓰세요.

×	6	7	8
3	18	21	24
4	24	28	32
5	30	35	40

×	1	2	3	4	5	6	7	8	9
2	2			8	10	12			
3	3		9	12			21	24	
4	4	8	12		20		28	32	
5	5	10		20	25	30		40	
6	6				30		42	48	54
7	7	14		28	35		49	56	63
8	8			32	40	48	56		72
9	9		27		45	54	63	72	

몇 단인지 알아보기

큐리와 태돌이는 어떤 수가 몇 단의 곱인지 알아보려고 해요.

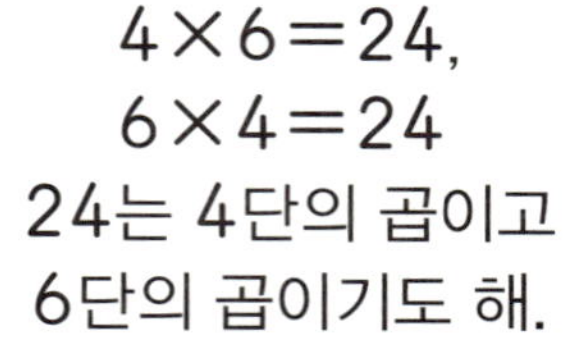

🌳 칠판에 적힌 수가 몇 단인지 알맞은 것에 모두 ◯표 하세요.

① 

(2의 단 , 3의 단 , 7의 단)

② 

(5의 단 , 6의 단 , 7의 단)

③ 

(4의 단 , 5의 단 , 6의 단)

④ 

(6의 단 , 7의 단 , 8의 단)

🌳 각 단의 곱에 맞지 않는 수를 모두 찾아 ✕표 하세요.

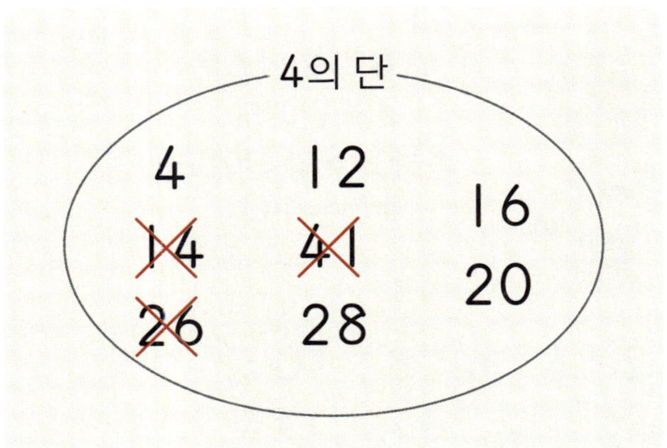

❶
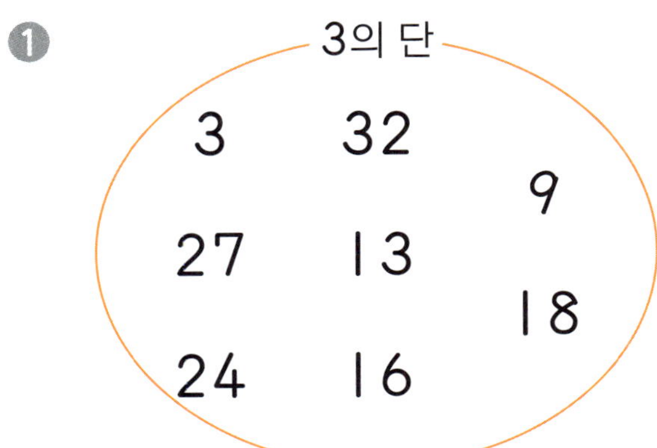

❷
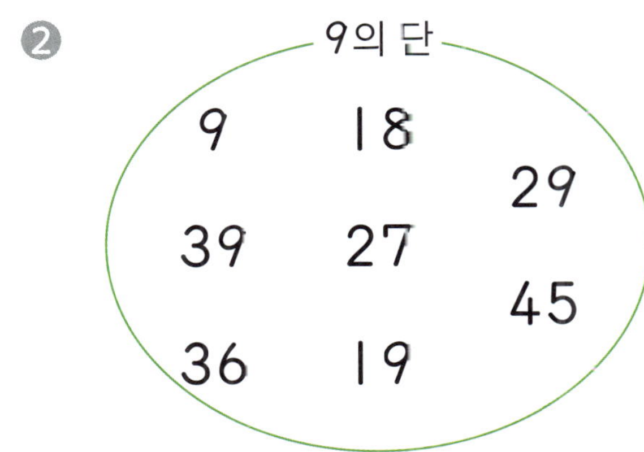

❸

❹
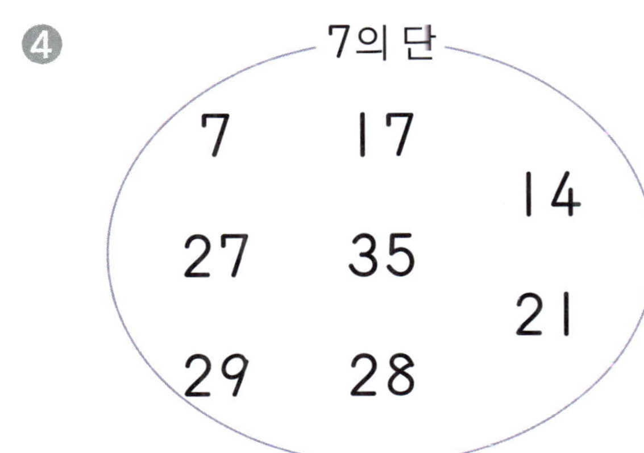

현우는 주어진 수를 각 단의 곱에 맞게 써넣고 있어요.

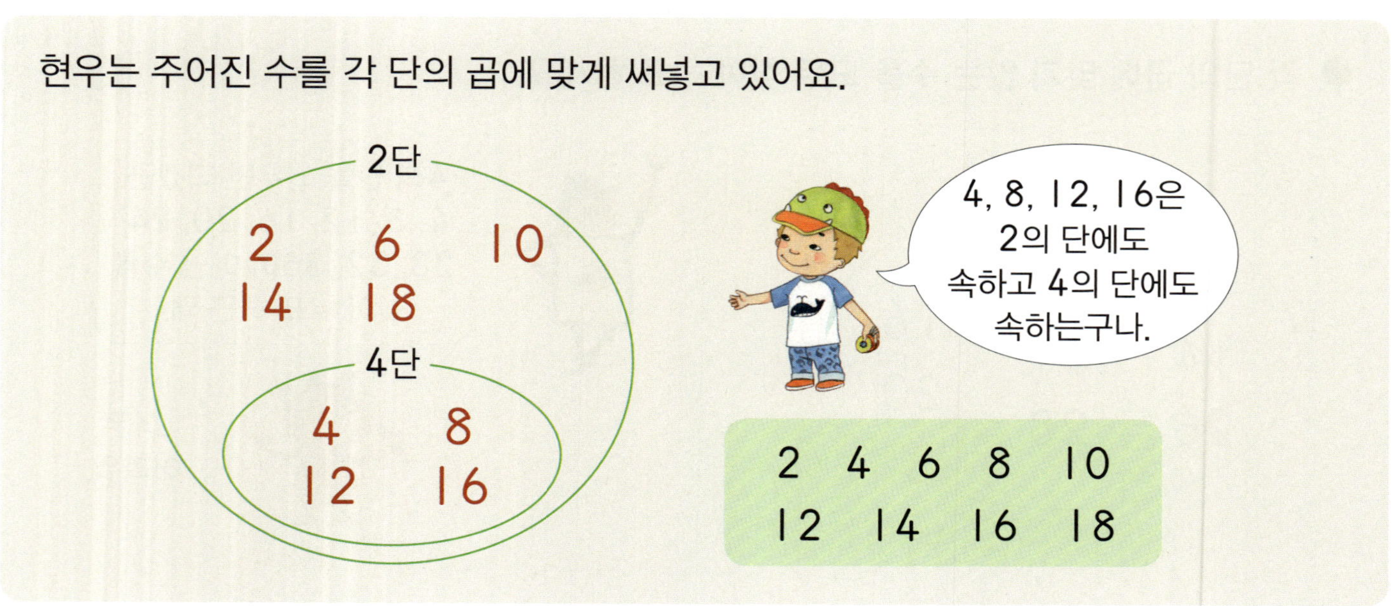

🌳 주어진 수를 각 단의 곱에 맞게 ☐ 안에 쓰세요.

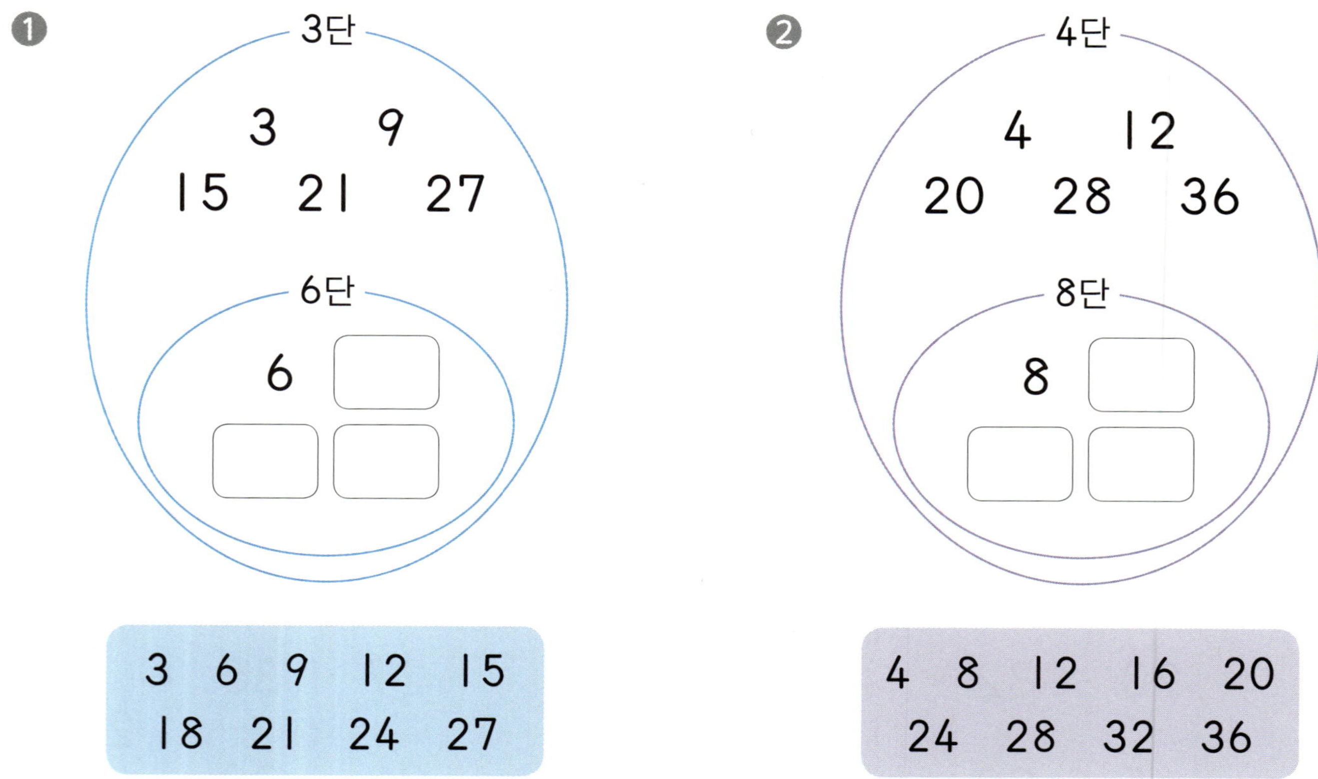

주어진 수를 각 단의 곱에 맞게 □ 안에 쓰세요.

2 3 4 6 8 9 10
12 14 15 16 18

❶

3 5 6 9 10 12 15
18 20 21 24 25

❷

6 8 12 16 18 24
30 32 36 40 42 48

공부한 날
월
일

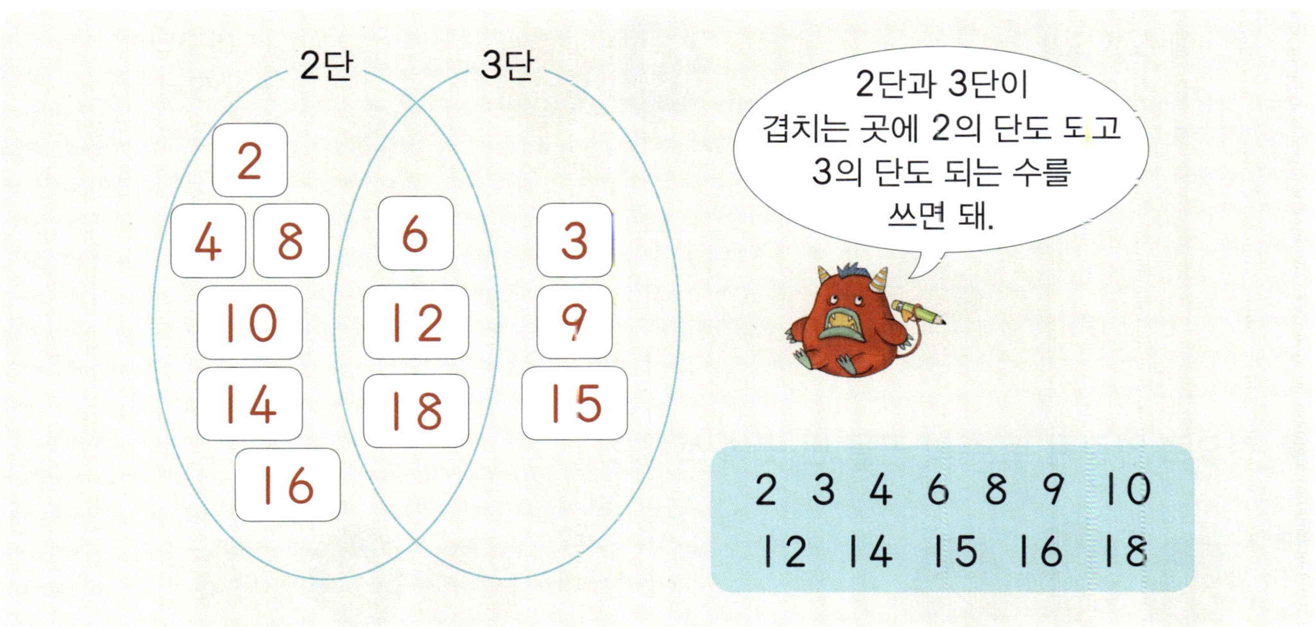

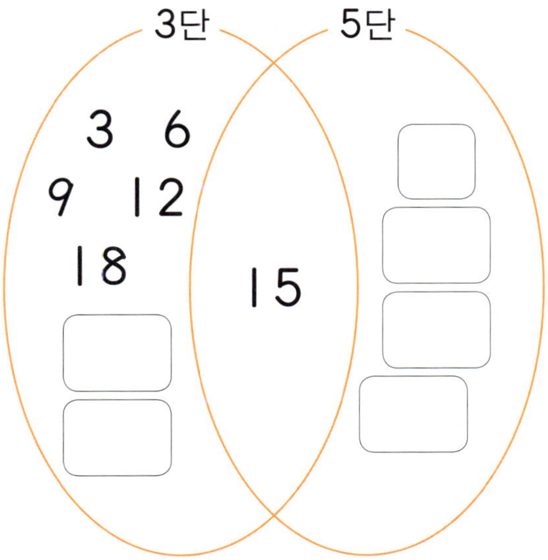

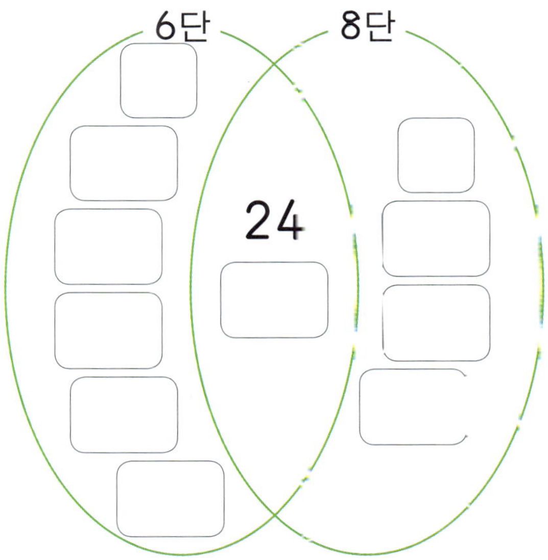

곱셈 문제 해결

🌱 선으로 연결된 두 수의 곱을 빈 곳에 쓰세요.

① 

② 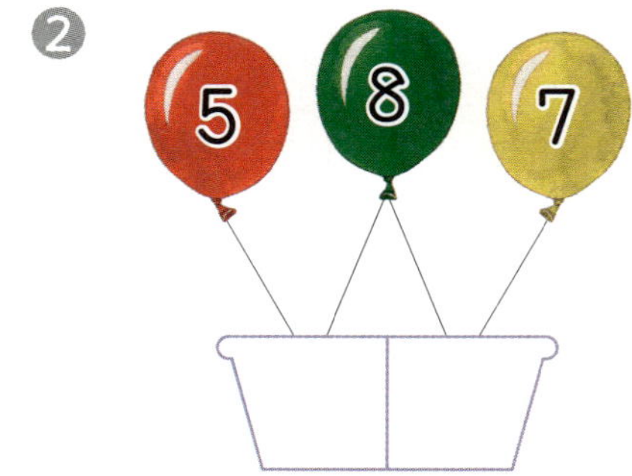

③ 

④ 

🌳 선으로 연결된 두 수의 곱을 ☐ 안에 쓰세요.

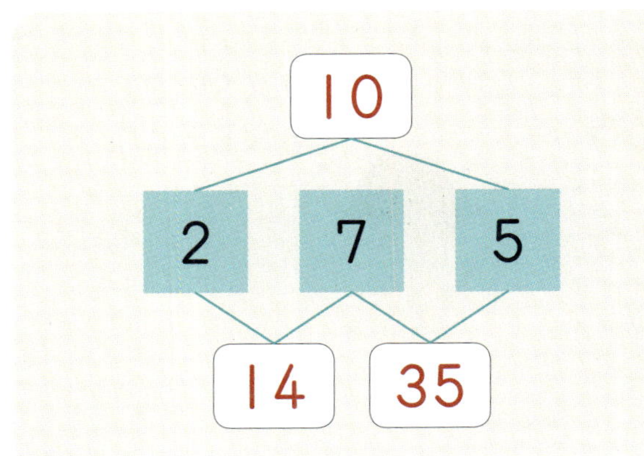

10
2
7
5
14
35

2×5=10,
2×7=14,
7×5=35
선으로
연결된 두 수를
곱하면 돼.

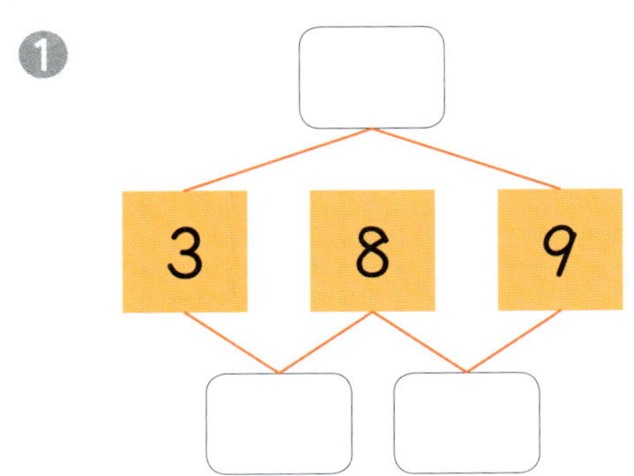

❶
3
8
9

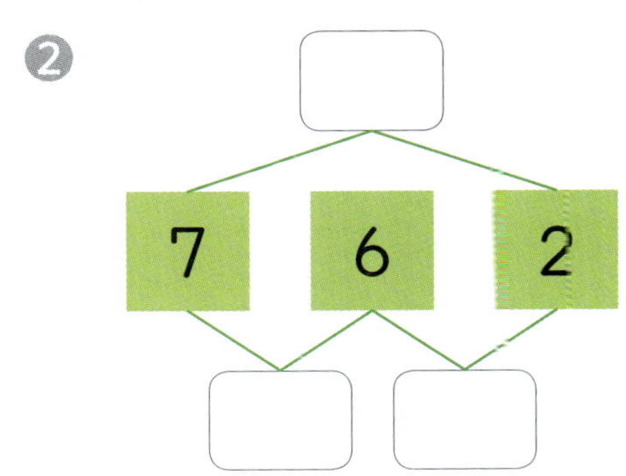

❷
7
6
2

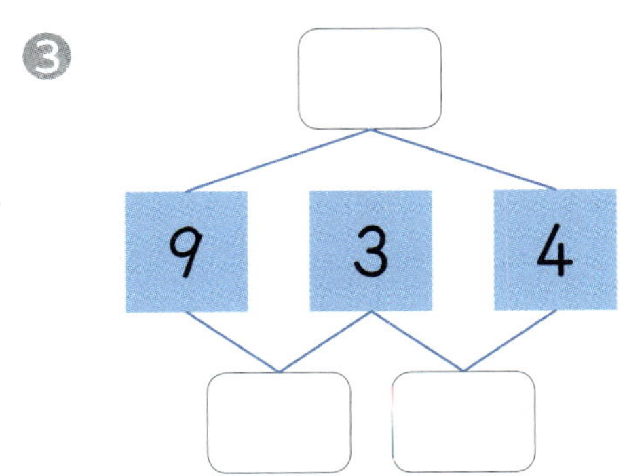

❸
9
3
4

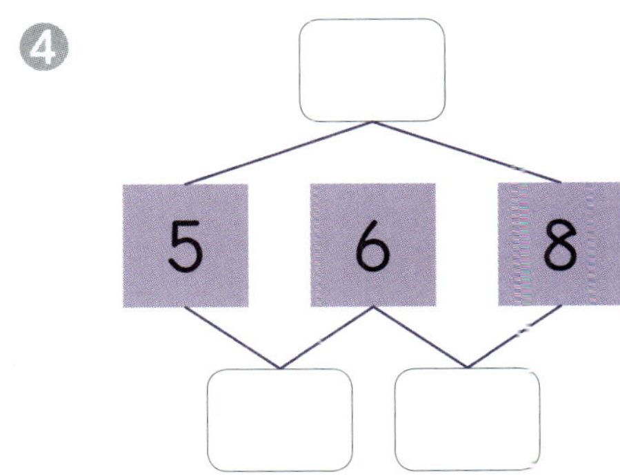

❹
5
6
8

현우와 티나는 곱셈 놀이를 하고 있어요.

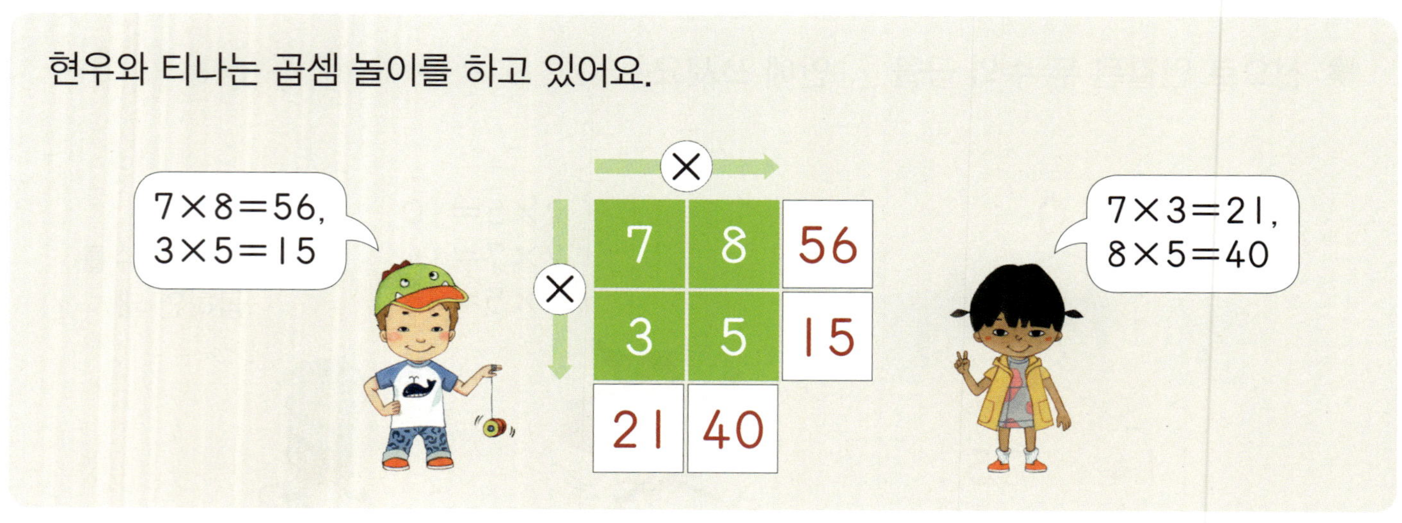

🌳 두 수를 각각 곱하여 ☐ 안에 알맞은 수를 쓰세요.

❶
5 2
7 4

❷
3 9
6 7

❸
8 4
2 7

❹
3 6
5 9

두 수를 각각 곱하여 ◯ 안에 알맞은 수를 쓰세요.

8 ← 4×2
2 7 → 14
2×7
32 ← 8 4
8×4
56 ← 7×8

가로와 세로로 두 수를 곱하면 돼.
바람개비처럼 생겼네.

1

← 5×3
3 4 →
3×4
← 6×5
5 6
← 4×6

2

← 7×2
2 4 →
2×4
← 3×7
7 3
← 4×3

3

5 6
9 7

4

4 9
5 7

공부한 날
월
일

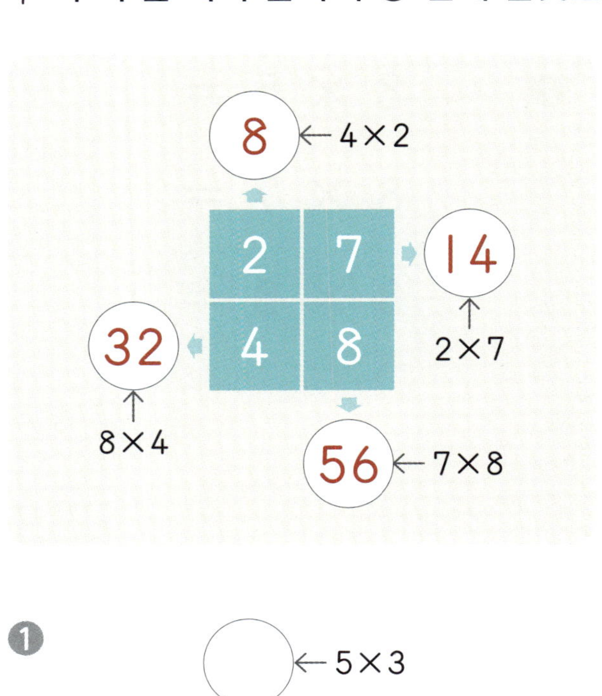

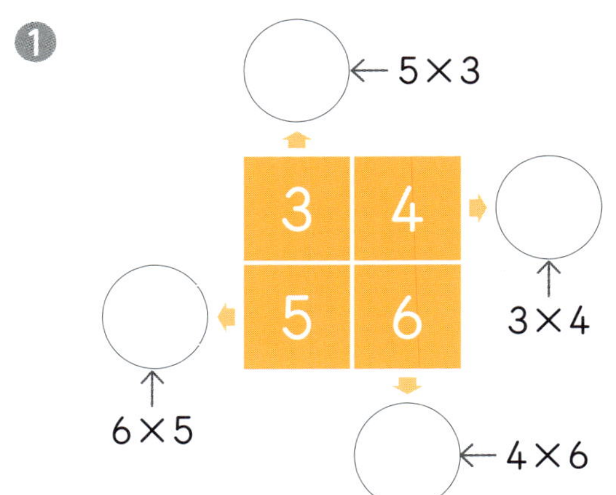

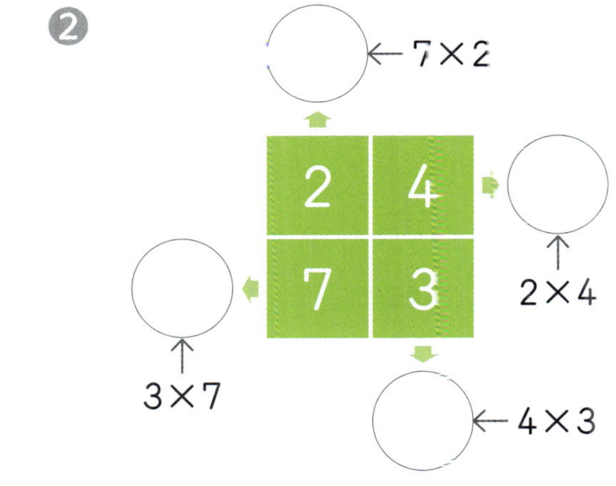

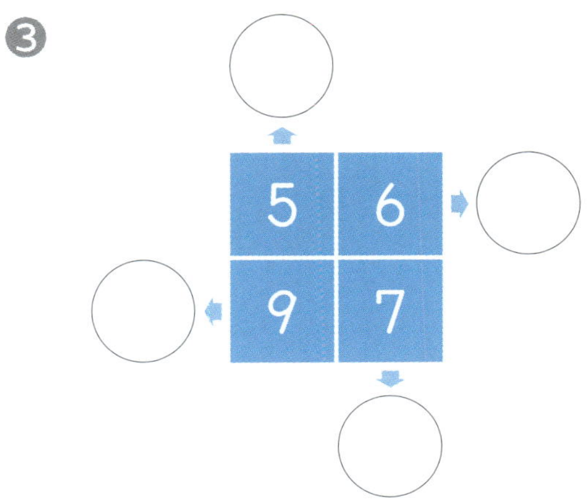

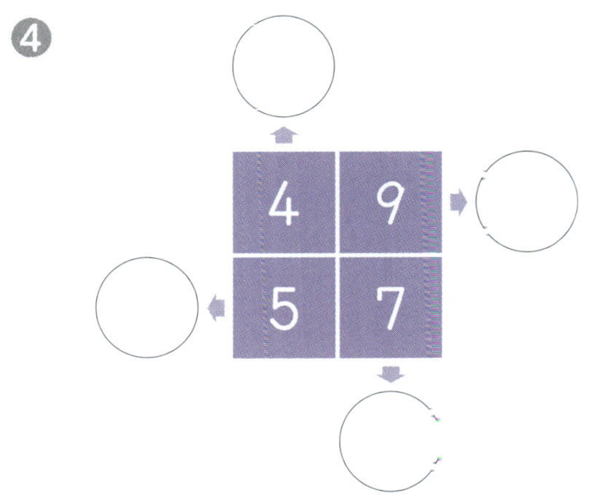

무엇을 배웠을까요

▲ 곱셈을 하세요.

①
$$7 \times 7 = \boxed{}$$
$$7 \times 4 = \boxed{}$$
$$7 \times 8 = \boxed{}$$

②
$$8 \times 5 = \boxed{}$$
$$8 \times 7 = \boxed{}$$
$$8 \times 8 = \boxed{}$$

▲ 곱셈구구표를 완성한 다음 곱의 일의 자리 숫자를 쓰세요.

③

×	1	2	3	4	5	6	7	8	9
6									
일의 자리 숫자									

▲ 곱셈표의 빈칸에 알맞은 수를 쓰세요.

④

×	3	4	5	6
7	21			
8				48

⑤

×	5	6	7	8
8				64
9			63	

🔺 곱셈구구표의 빈칸에 알맞은 수를 쓰세요.

❻

×	1	2	3	4	5	6	7	8	9
1	1				5				
2	2		8						
3	3							24	
4	4	8					28		
5									45
6	6			30					
7		21							
8	8								72
9						54			

공부한 날

월

일

🔺 선으로 연결된 두 수의 곱을 ☐ 안에 쓰세요.

❼ 

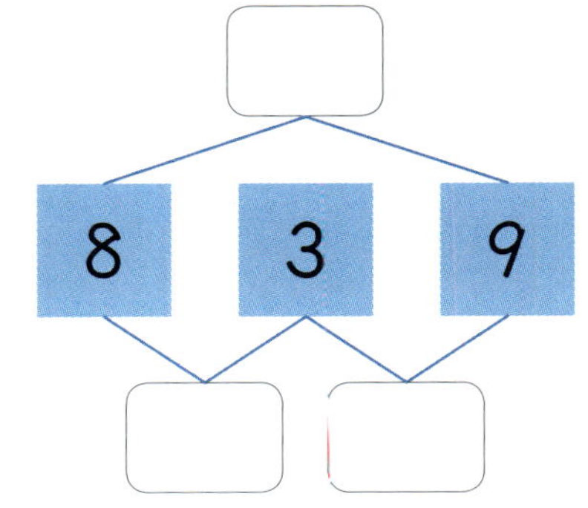

❽ 

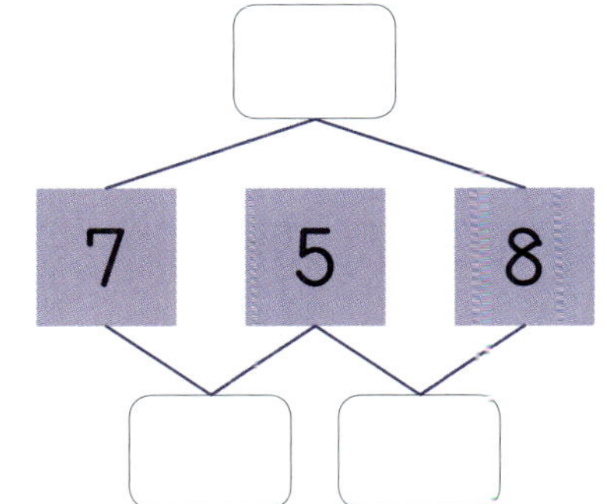

연산력 게임

QR코드를 찍으면 다양한 연산 게임을 할 수 있어요.

우리는 완두콩 가족

빈 곳에 들어갈 완두콩은 무엇일까요?

아래쪽에서 빈 곳에 들어갈 알맞은 수를 찾아 손가락으로 끌어서 넣으세요.
8을 넣으면 정답입니다.

빈 곳에 들어갈 자동차는 무엇일까요?

아래쪽에서 빈 곳에 들어갈 알맞은 수를 찾아 손가락으로 끌어서 넣으세요.
81을 넣으면 정답입니다.

부릉부릉 캠핑을 떠나요

□가 있는 곱셈구구

▶ 연산 보충 학습(108쪽)에서 더 풀어 보세요.

학부모 지도 가이드

'2×□=6'이나 '□×6=30'과 같이 □가 있는 곱셈식을 배웁니다. 아이들이 곱셈구구를 활용하여 □ 안에 들어갈 수를 구할 수 있도록 지도합니다.

또한 아이들이 일상생활에서 곱셈구구를 활용하여 문제를 해결하는 과정을 통해 곱셈구구의 유용성을 알고 흥미를 가질 수 있게 합니다.

□가 있는 곱셈구구

🌳 □ 안에 알맞은 수를 쓰세요.

① $4 \times \boxed{} = 16$　　② $5 \times \boxed{} = 35$

③ $\boxed{} \times 7 = 21$　　④ $\boxed{} \times 9 = 72$

⑤ $6 \times \boxed{} = 36$　　⑥ $3 \times \boxed{} = 15$

⑦ $\boxed{} \times 8 = 16$　　⑧ $\boxed{} \times 2 = 18$

🌳 ☐ 안에 알맞은 수를 쓰고 그 수가 같은 것끼리 선으로 이으세요.

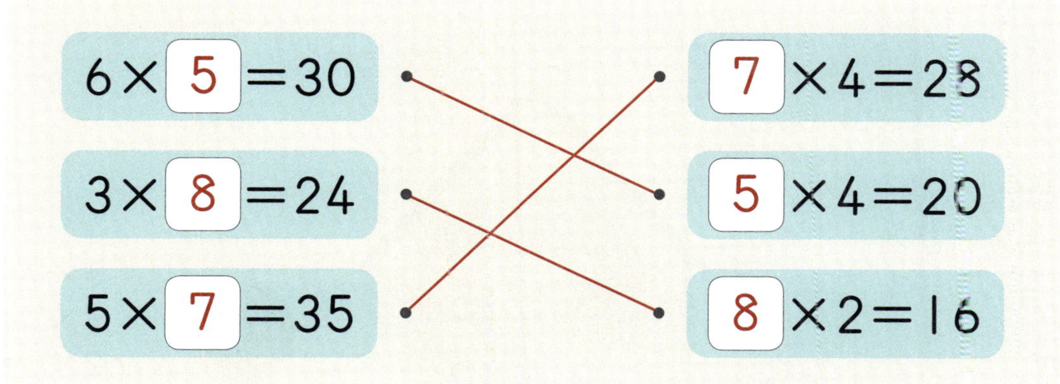

❶
8 × ☐ = 72 ·   · ☐ × 4 = 36

4 × ☐ = 32 ·   · ☐ × 9 = 63

5 × ☐ = 35 ·   · ☐ × 5 = 40

❷
2 × ☐ = 16 ·   · ☐ × 8 = 40

7 × ☐ = 49 ·   · ☐ × 3 = 21

5 × ☐ = 25 ·   · ☐ × 3 = 24

현우와 티나는 토끼의 집을 구경하고 있어요.

🌳 ☐ 안에 알맞은 수를 쓰세요.

❶

❷

🌳 ☐ 안에 알맞은 수를 쓰세요.

×   =
2   3   6
7   7   49
5   6   30
4   5   20

2×☐=6,
7×☐=49,
☐×6=30,
☐×5=20,
☐ 안에 들어갈 수를
구하면 돼.

공부한 날
월
일

❶

×   =
3   6
9   45
    4   16
    3   24

❷
×   =
6   48
7   21
    6   12
    2   16

❸

×   =
4   24
8   56
    8   72
    5   10

❹
×   =
9   36
2   4
    9   36
    5   45

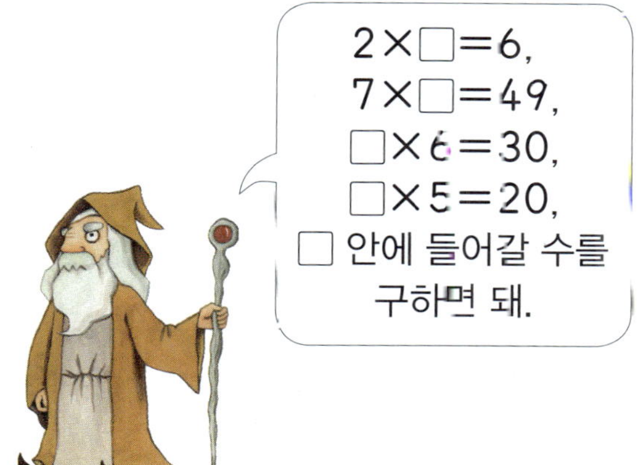

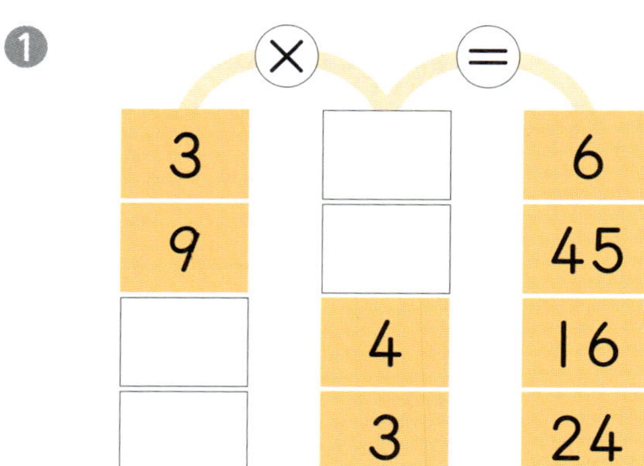

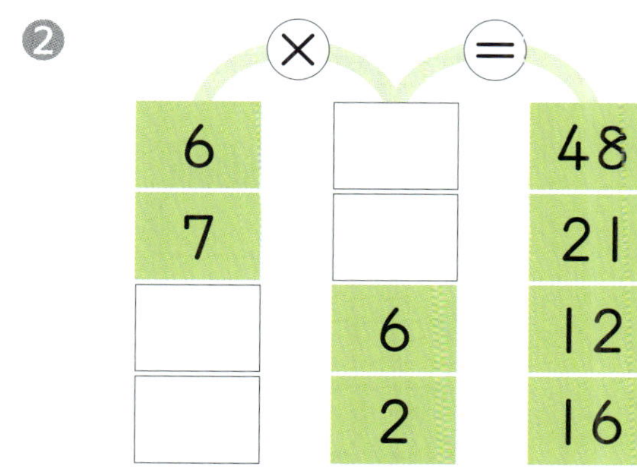

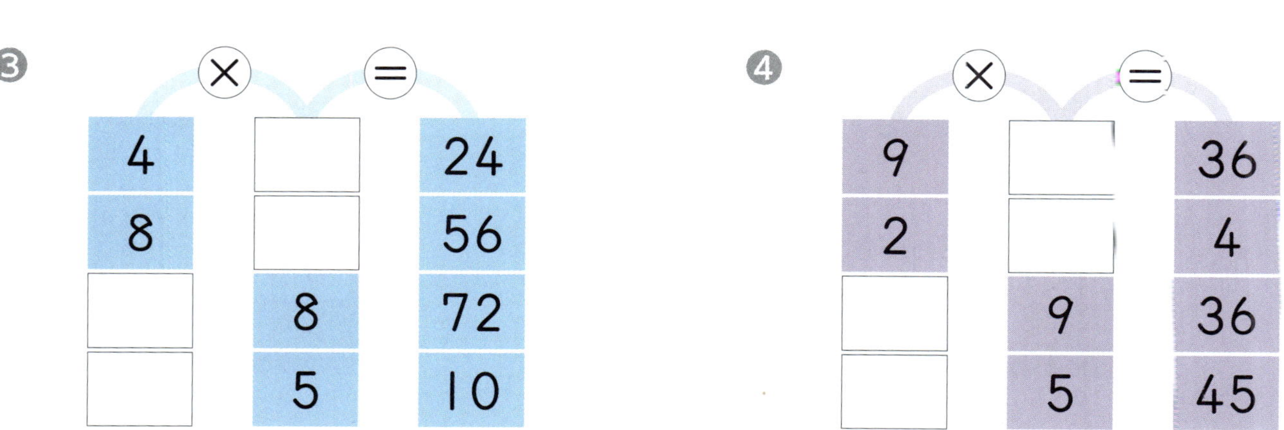

곱셈 계산기

큐리와 태돌이는 계산기를 이용하여 곱셈을 하려고 해요.

🌳 계산기의 버튼을 다음과 같이 눌렀을 때 나오는 수를 쓰세요.

① $2 \times 6 =$ ⬚

② $4 \times 8 =$ ⬚

③ 

$3 \times 7 =$ ⬚

④ $6 \times 9 =$ ⬚

🌳 버튼을 눌러야 할 나머지 한 수를 찾아 ◯표 하세요.

40
1 2 3
4 5 6
7 8 9
× 0 =

5×□=40이야.
8에 ◯표 하면 돼.
AXIOM

5 × 8 =
버튼을 눌렀더니
40이 나와.

❶

42
1 2 3
4 5 6
7 8 9
× 0 =

❷

18
1 2 3
4 5 6
7 8 9
× 0 =

❸

24
1 2 3
4 5 6
7 8 9
× 0 =

❹

36
1 2 3
4 5 6
7 8 9
× 0 =

❺

15
1 2 3
4 5 6
7 8 9
× 0 =

❻

28
1 2 3
4 5 6
7 8 9
× 0 =

동물들이 기구를 타고 하늘을 날아요. 숫자 카드 중에서 2장을 골라 ○ 안에 알맞은 수를 쓰세요.

숫자 카드 중에서 풍선 안에 들어갈 수를 골라야 해.
5 × 7
35
2 5 7 8
5×7=35, 5와 7을 넣어야 해.
×
32
4 3 9 8
×
28
5 4 8 7
×
48
2 6 5 8

계산기 화면의 수는 두 수를 곱한 수예요. 두 수를 찾아 ◯표 하세요.

48
1 2 3
4 5 6
7 8 9
× 0 =
□×□=48이 되는
두 수를 찾아야 돼.
6×8=48이야.
6과 8에
◯표 하면 돼.

❶

10
1 2 3
4 5 6
7 8 9
× 0 =

❷

30
1 2 3
4 5 6
7 8 9
× 0 =

❸

72
1 2 3
4 5 6
7 8 9
× 0 =

공부한 날
월
일

❹

15
1 2 3
4 5 6
7 8 9
× 0 =

❺

56
1 2 3
4 5 6
7 8 9
× 0 =

❻

20
1 2 3
4 5 6
7 8 9
× 0 =

곱이 같은 곱셈식

태돌이와 큐리는 구슬을 여러 가지 방법으로 세고 있어요.

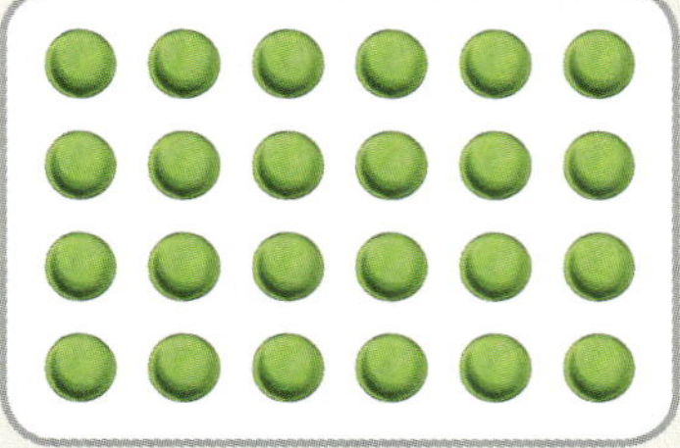

$$4 \times 6 = 24$$
$$6 \times 4 = 24$$
$$3 \times 8 = 24$$
$$8 \times 3 = 24$$

🌳 구슬을 여러 가지 방법으로 세어 ☐ 안에 알맞은 수를 쓰세요.

❶

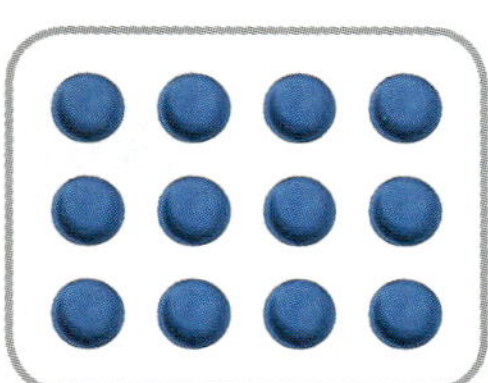

☐ × ☐ = 12

☐ × ☐ = 12

☐ × ☐ = 12

☐ × ☐ = 12

❷

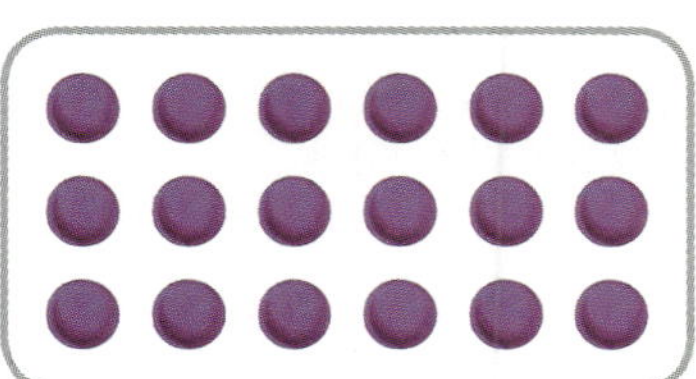

☐ × ☐ = 18

☐ × ☐ = 18

☐ × ☐ = 18

☐ × ☐ = 18

계산 결과가 같은 것끼리 선으로 이으세요.

2×8
6×3
4×9
3×6
4×4
6×6

바꾸어 곱해도
계산 결과는 같아.
6×3=3×6이야.

2×8=16,
4×4=16과 같이
곱하는 수가 달라도 곱이
같은 경우도 있어.

❶

3×3
4×5
8×3
9×1
6×4
5×4

❷

4×2
5×2
3×3
2×5
9×1
8×1

❸

3×4
6×3
2×7
9×2
7×2
6×2

❹

3×5
6×6
4×3
2×6
9×4
5×3

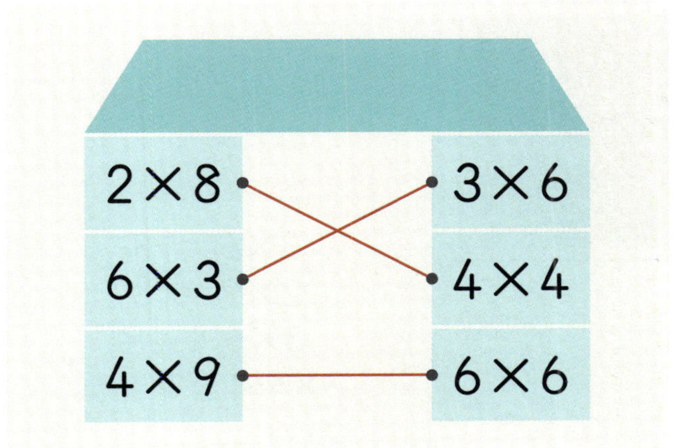

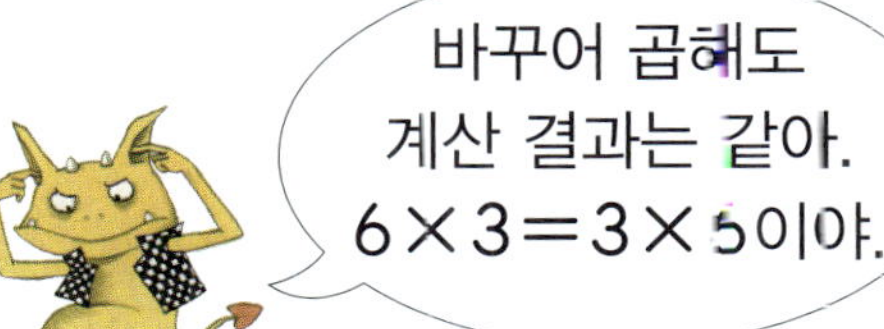

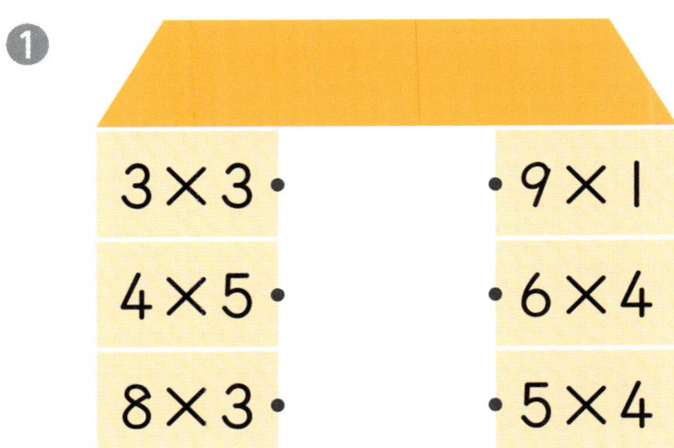

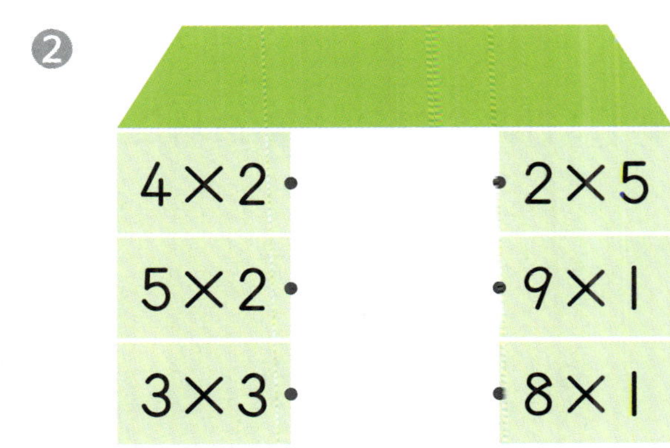

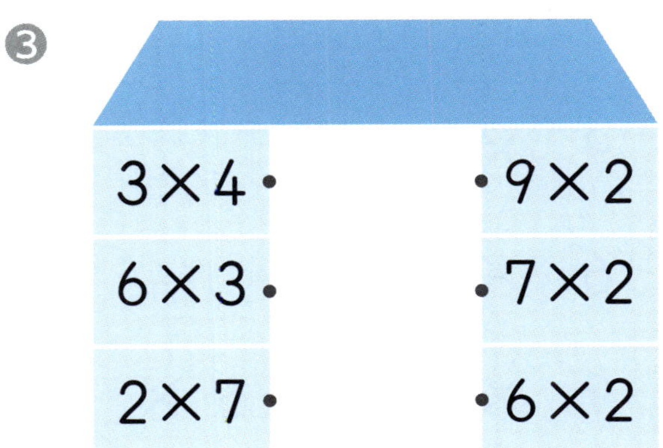

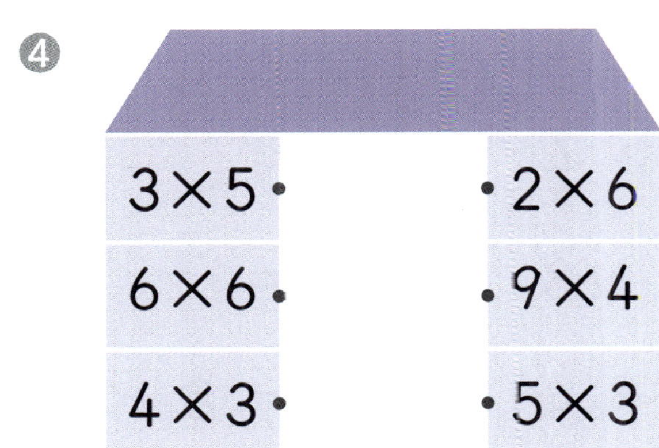

티나와 현우는 계산 결과가 같은 곱셈식을 찾고 있어요.

🌳 ☐ 안에 알맞은 수를 쓰세요.

❶ $2 \times 9 = \boxed{}$

　$6 \times 3 = \boxed{}$

➡ $2 \times \boxed{} = 6 \times \boxed{}$

❷ $6 \times 4 = \boxed{}$

　$8 \times 3 = \boxed{}$

➡ $6 \times \boxed{} = 8 \times \boxed{}$

❸ $4 \times 4 = \boxed{}$

　$8 \times 2 = \boxed{}$

➡ $4 \times \boxed{} = 8 \times \boxed{}$

❹ $9 \times 4 = \boxed{}$

　$6 \times 6 = \boxed{}$

➡ $9 \times \boxed{} = 6 \times \boxed{}$

🌳 **계산 결과가 같도록 □ 안에 알맞은 수를 쓰세요.**

$$2 \times 6 = 4 \times \boxed{3}$$

❶ $3 \times 8 = 4 \times \boxed{}$

❷ $6 \times 7 = 7 \times \boxed{}$

❸ $9 \times 5 = \boxed{} \times 9$

❹ $6 \times 6 = \boxed{} \times 4$

❺ $6 \times \boxed{} = 3 \times 4$

❻ $2 \times \boxed{} = 3 \times 6$

❼ $\boxed{} \times 4 = 8 \times 2$

❽ $\boxed{} \times 7 = 7 \times 9$

459 곱셈 계단

태돌이와 큐리는 공에 쓰인 수 중 두 수의 곱을 구하려고 해요.

5 7 8 4

가장 큰 곱

$8 \times 7 = 56$

🌳 공에 쓰인 수 2개를 이용하여 가장 큰 곱을 구하세요.

① 

4 9 7 3

가장 큰 곱

$\boxed{} \times \boxed{} = \boxed{}$

② 

3 8 4 2

가장 큰 곱

$\boxed{} \times \boxed{} = \boxed{}$

③ 

6 5 7 8

가장 큰 곱

$\boxed{} \times \boxed{} = \boxed{}$

④ 

5 6 9 8

가장 큰 곱

$\boxed{} \times \boxed{} = \boxed{}$

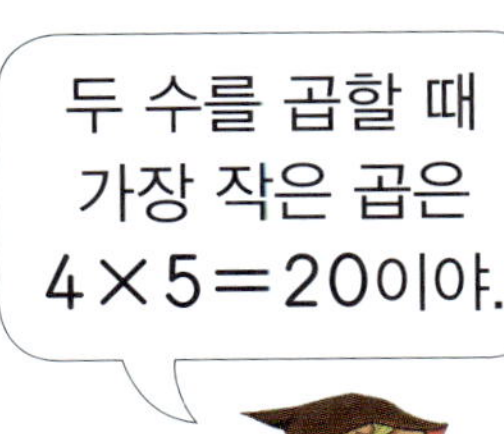

① 

가장 작은 곱

☐ × ☐ = ☐

② 

가장 작은 곱

☐ × ☐ = ☐

③ 

가장 작은 곱

☐ × ☐ = ☐

④ 

가장 작은 곱

☐ × ☐ = ☐

현우와 티나는 계단에서 공을 굴리려고 해요.

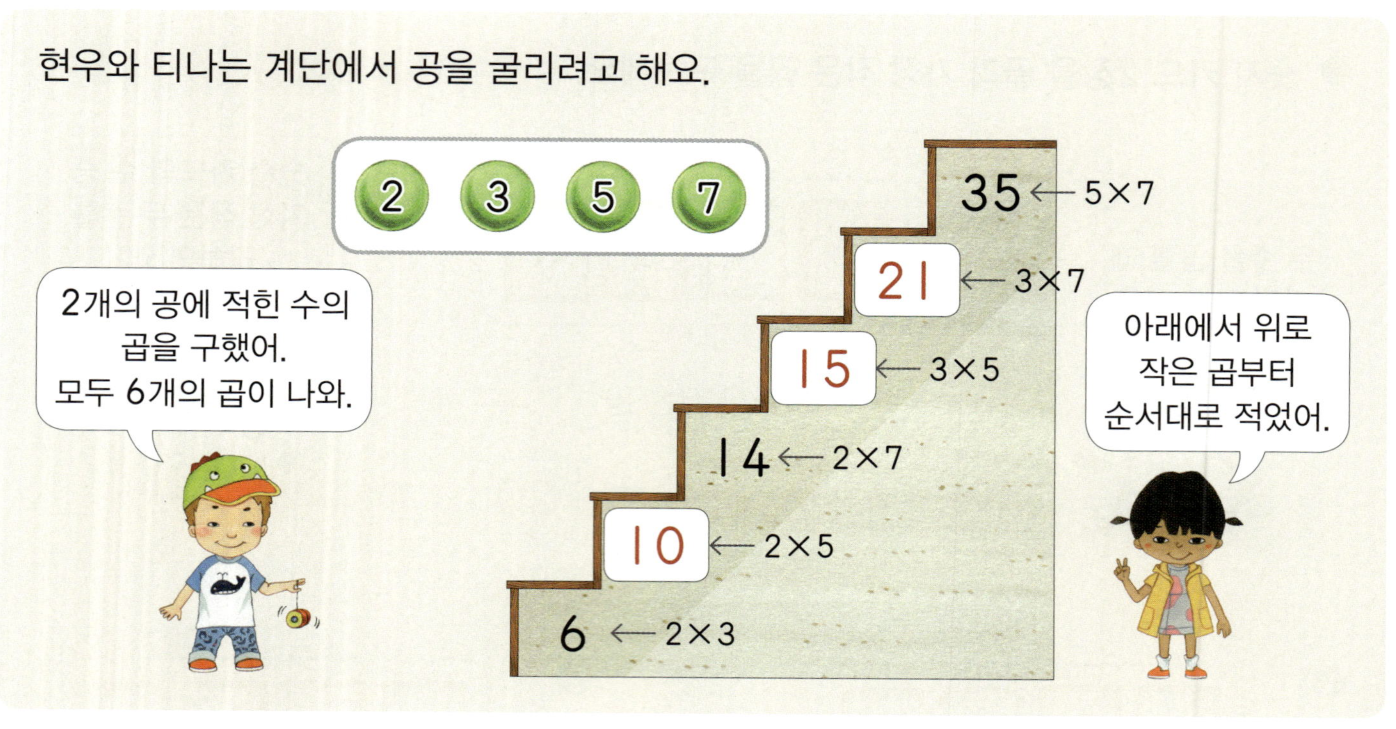

🌳 공에 적힌 두 수의 곱을 구하여 작은 곱부터 아래에서부터 위의 순서대로 □ 안에 쓰세요.

❶

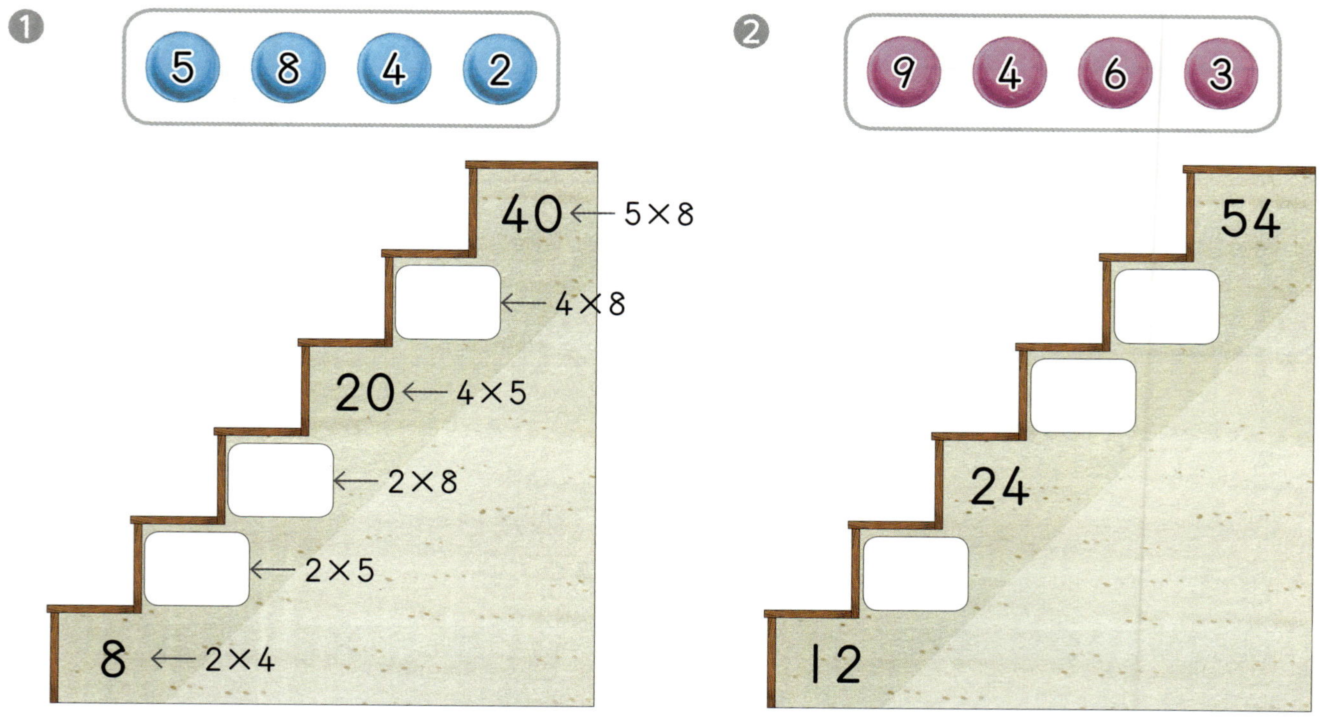

❷

숫자 카드 2장을 골라 가장 작은 곱부터 순서대로 쓰세요.

가장 작은 두 수를 곱하면 가장 작은 수야.
4 5 3 6
가장 큰 두 수를 곱하면 가장 큰 수야.
12 → 15 → 18 → 20 → 24 → 30
3×4   3×5   3×6   4×5   4×6   5×6

1

2 3 9 8

2

3 4 6 5

3

4 7 9 6

공부한 날
월
일

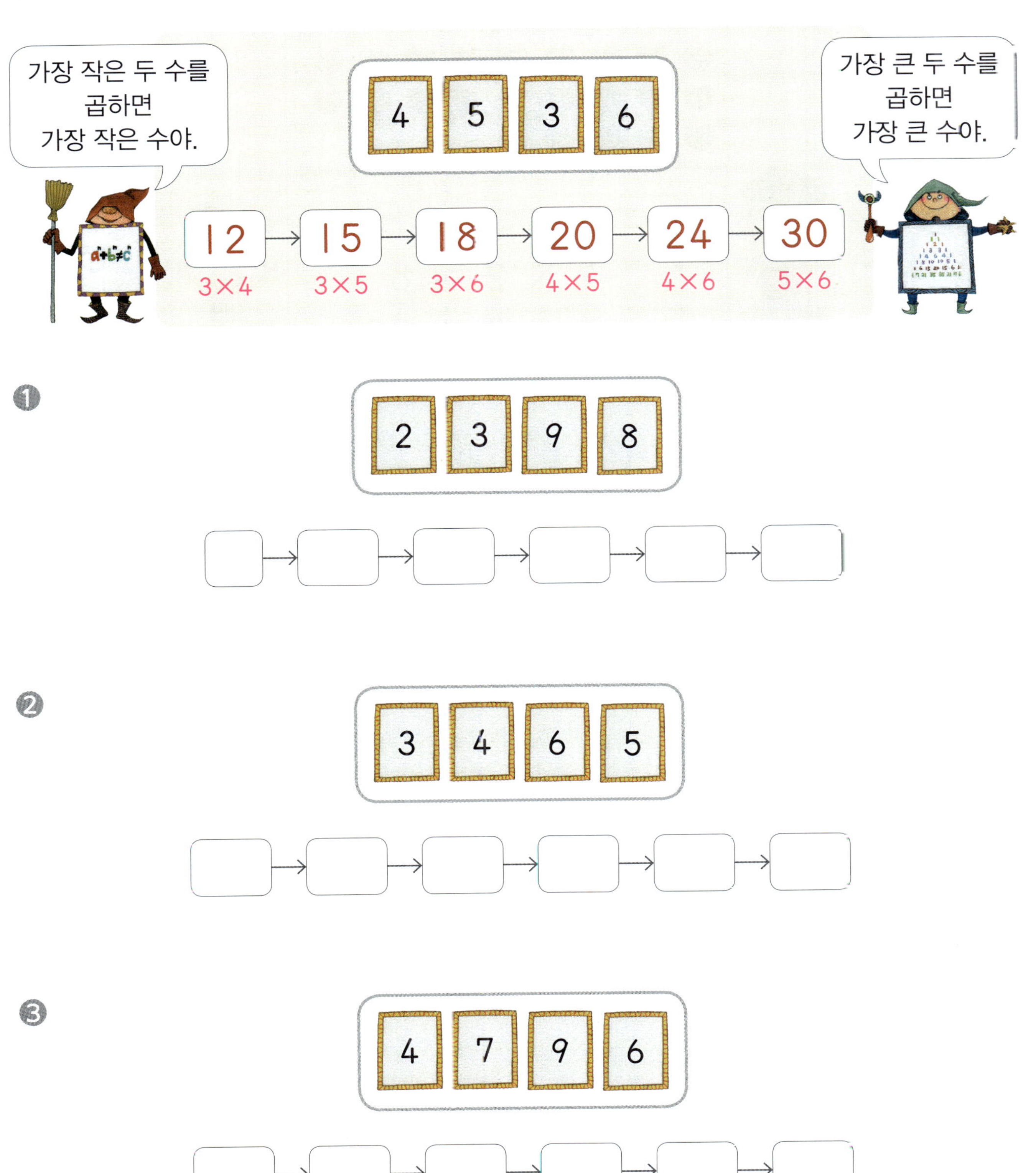

곱셈을 활용한 개수 세기

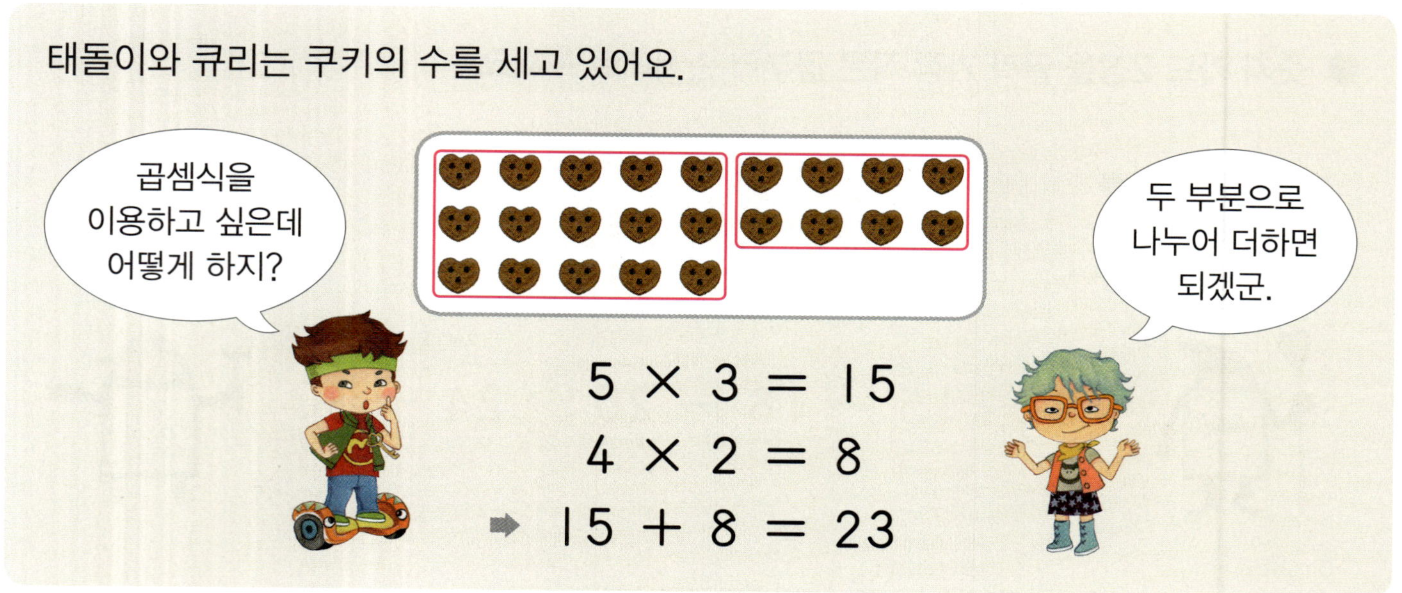

🌳 ☐ 안에 알맞은 수를 써서 쿠키의 수를 구하세요.

❶

$$6 \times \boxed{} = \boxed{}$$

$$\boxed{} \times 4 = \boxed{}$$

➡ $\boxed{} + \boxed{} = \boxed{}$

❷

$$4 \times \boxed{} = \boxed{}$$

$$\boxed{} \times 5 = \boxed{}$$

➡ $\boxed{} + \boxed{} = \boxed{}$

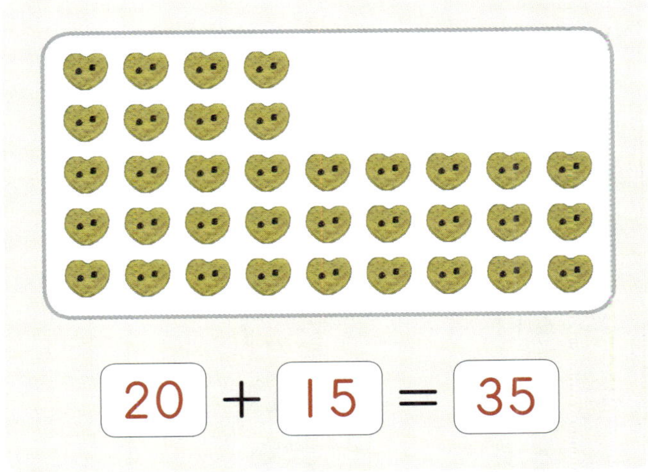

20 + 15 = 35

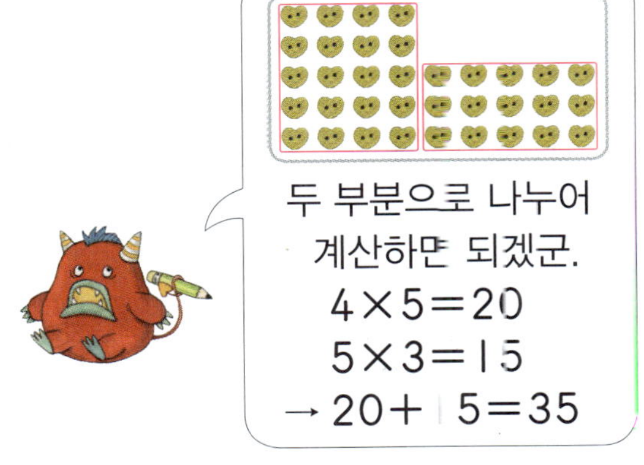

①

12 + ☐ = ☐

②

☐ + ☐ = ☐

③ 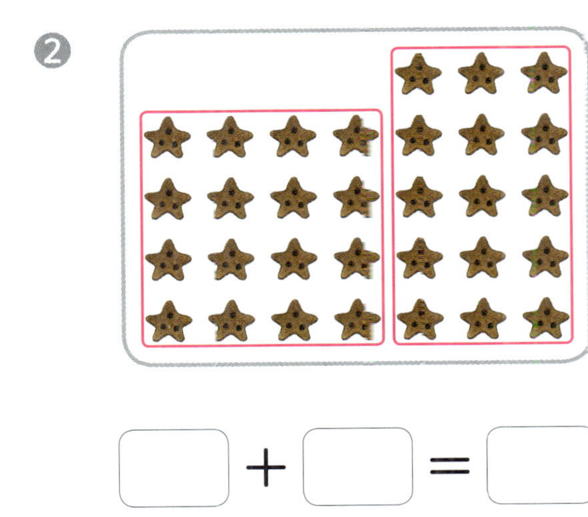

☐ + ☐ = ☐

티나와 현우는 별의 개수를 세고 있어요.

$$8 \times 5 = 40$$
$$3 \times 3 = 9$$
$$\rightarrow 40 - 9 = 31$$

🌳 ☐ 안에 알맞은 수를 써서 모양의 개수를 구하세요.

❶
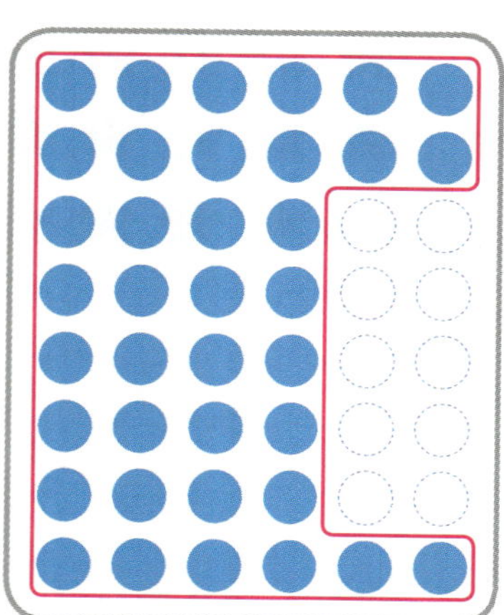

$$6 \times \boxed{} = \boxed{}$$
$$\boxed{} \times 5 = \boxed{}$$
$$\rightarrow \boxed{} - \boxed{} = \boxed{}$$

❷

$$8 \times \boxed{} = \boxed{}$$
$$\boxed{} \times 5 = \boxed{}$$
$$\rightarrow \boxed{} - \boxed{} = \boxed{}$$

모양의 개수를 구하세요.

$$42 - 12 = 30$$

❶

◻ − ◻ = ◻

❷

◻ − ◻ = ◻

❸

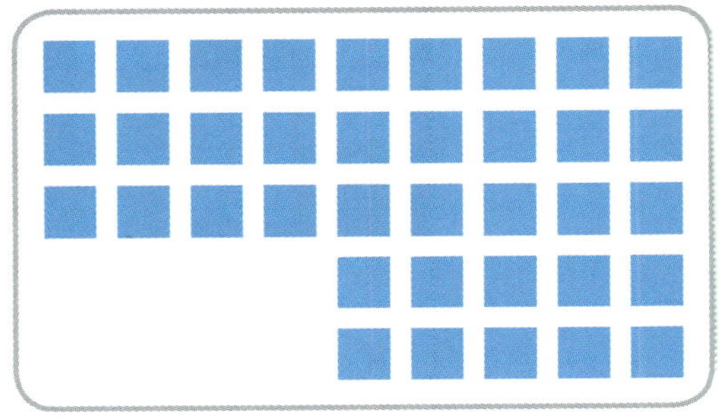

◻ − ◻ = ◻

무엇을 배웠을까요

▲ ☐ 안에 알맞은 수를 쓰고 그 수가 같은 것끼리 선으로 이으세요.

①

$4 \times \boxed{} = 32$ ・ ・ $\boxed{} \times 8 = 40$

$7 \times \boxed{} = 49$ ・ ・ $\boxed{} \times 9 = 63$

$6 \times \boxed{} = 30$ ・ ・ $\boxed{} \times 3 = 24$

▲ ☐ 안에 알맞은 수를 쓰세요.

②

	×	=
5		25
8		56
	8	64
	5	10

③

	×	=
6		36
2		14
	9	36
	5	40

▲ 계산기의 버튼을 다음과 같이 눌렀을 때 나오는 수를 쓰세요.

④

$3 \times 8 = \boxed{}$

⑤

$9 \times 5 = \boxed{}$

▲ 계산 결과가 같은 것끼리 선으로 이으세요.

⑥ 

⑦ 

공부한 날

월

일

▲ 계산 결과가 같도록 ☐ 안에 알맞은 수를 쓰세요.

⑧ ☐ × 6 = 4 × 3

⑨ 3 × 6 = 2 × ☐

⑩ 8 × 2 = ☐ × 4

⑪ 7 × ☐ = 9 × 7

▲ 숫자 카드 2장을 골라 가장 작은 곱부터 순서대로 쓰세요.

⑫ 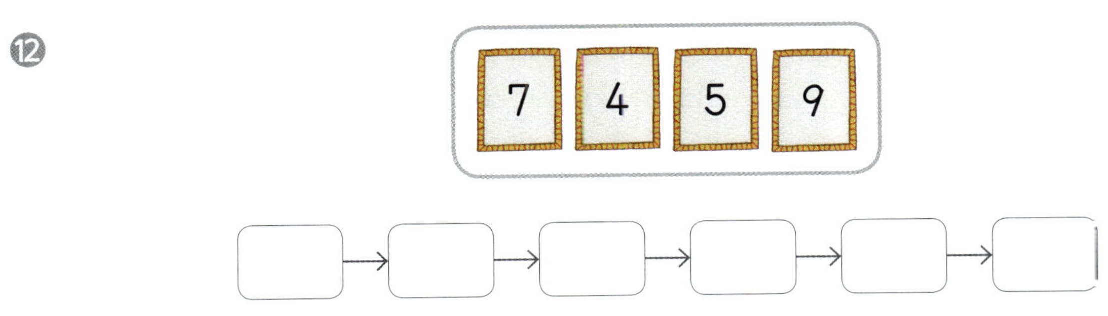

☐ → ☐ → ☐ → ☐ → ☐ → ☐

연산력 게임

QR코드를 찍으면 다양한 연산 게임을 할 수 있어요.

어느 버튼을 눌러야 할까요?

곱셈식이 완성되도록 가운데에서 알맞은 버튼을 골라 손가락으로 눌러 주세요.
× 5 버튼을 누르면 정답입니다.

어느 공을 넣어야 할까요?

아래쪽에서 빈 곳에 들어갈 알맞은 공을 골라 손가락으로 끌어서 넣으세요.
＞을 넣으면 정답입니다.

연산 보충 학습

관련 쪽수: 6~27쪽

❖ ☐ 안에 알맞은 수를 쓰세요.

❶
$2 \times 4 =$ ☐
$2 \times 5 =$ ☐
$2 \times 6 =$ ☐

❷
$5 \times 4 =$ ☐
$5 \times 5 =$ ☐
$5 \times 6 =$ ☐

❸
$5 \times 7 =$ ☐
$5 \times 8 =$ ☐
$5 \times 9 =$ ☐

❹
$2 \times 7 =$ ☐
$2 \times 8 =$ ☐
$2 \times 9 =$ ☐

❺
$3 \times 4 =$ ☐
$3 \times 5 =$ ☐
$3 \times 6 =$ ☐

❻
$4 \times 4 =$ ☐
$4 \times 5 =$ ☐
$4 \times 6 =$ ☐

❼
$4 \times 7 =$ ☐
$4 \times 8 =$ ☐
$4 \times 9 =$ ☐

❽
$3 \times 7 =$ ☐
$3 \times 8 =$ ☐
$3 \times 9 =$ ☐

❖ 곱셈표의 빈칸에 알맞은 수를 쓰세요.

⑨

×	3	4	5	6
4				

⑩

×	2	3	4	5
2				

⑪

×	3	4	5	6
5				

⑫

×	2	3	4	5
4				

⑬

×	8	9
3		
5		

⑭

×	6	7
5		
4		

⑮

×	7	8	9
3			
4			
5			

⑯

×	4	5	6
3			
4			
5			

관련 쪽수: 30~51쪽

❖ 바꾸어 곱하기를 하여 ☐ 안에 알맞은 수를 쓰세요.

① $4 \times 8 = \boxed{}$

$8 \times 4 = \boxed{}$

② $2 \times 7 = \boxed{}$

$7 \times 2 = \boxed{}$

③ $5 \times 9 = \boxed{}$

$9 \times 5 = \boxed{}$

④ $3 \times 8 = \boxed{}$

$8 \times 3 = \boxed{}$

⑤ $4 \times 7 = \boxed{}$

$7 \times 4 = \boxed{}$

⑥ $3 \times 9 = \boxed{}$

$9 \times 3 = \boxed{}$

⑦ $5 \times 8 = \boxed{}$

$8 \times 5 = \boxed{}$

⑧ $7 \times 5 = \boxed{}$

$5 \times 7 = \boxed{}$

❖ 곱셈을 하세요.

⑨ $8 \times 8 = \boxed{}$

⑩ $6 \times 9 = \boxed{}$

⑪ $6 \times 8 = \boxed{}$

⑫ $8 \times 3 = \boxed{}$

⑬ $5 \times 6 = \boxed{}$

⑭ $9 \times 5 = \boxed{}$

❖ 곱셈표의 빈칸에 알맞은 수를 쓰세요.

⑮

×	2	8
7		
8		

⑯

×	4	6
8		
7		

⑰

×	3	7
6		
8		

⑱

×	9	5
6		
7		

곱셈구구

관련 쪽수: 54~75쪽

❖ 곱셈구구표를 완성한 다음 곱의 일의 자리 숫자를 쓰세요.

❶

×	1	2	3	4	5	6	7	8	9
3									
일의 자리 숫자									

❷

×	1	2	3	4	5	6	7	8	9
8									
일의 자리 숫자									

❸

×	1	2	3	4	5	6	7	8	9
6									
일의 자리 숫자									

❹

×	1	2	3	4	5	6	7	8	9
7									
일의 자리 숫자									

✤ 곱셈표의 빈칸에 알맞은 수를 쓰세요.

5

×	2	3	4	5	6	7	8	9
4								
5								

6

×	2	3	4	5	6	7	8	9
1								
2								
3								
4								
5								
6								
7								
8								
9								

□가 있는 곱셈구구

❖ □ 안에 알맞은 수를 쓰세요.

① □ × 8 = 24

② □ × 8 = 64

③ 6 × □ = 54

④ 3 × □ = 21

⑤ □ × 4 = 16

⑥ □ × 2 = 12

❖ 계산 결과가 같도록 □ 안에 알맞은 수를 쓰세요.

⑦ 9 × 6 = □ × 9

⑧ 6 × 6 = 9 × □

⑨ 2 × □ = 3 × 4

⑩ 2 × □ = 6 × 3

⑪ 8 × 2 = □ × 4

⑫ 7 × 9 = □ × 7

연산력 수학 노크 정답

441 묶어 세기

🍀 묶어 센 것을 보고 □안에 알맞은 수를 쓰세요.

❶
4씩 5 묶음은 20입니다.
4 × 5 = 20

❷
5씩 6 묶음은 30입니다.
5 × 6 = 30

❸
3씩 6 묶음은 18입니다.
3 × 6 = 18

❹
5씩 3 묶음은 15입니다.
5 × 3 = 15

🍀 그림을 보고 □안에 알맞은 수를 쓰세요.

3 × 7 = 21

❶
4 × 6 = 24

❷
2 × 7 = 14

❸
3 × 8 = 24

❹
5 × 4 = 20

현우는 수직선에서 뛰어 세기를 하려고 해요.

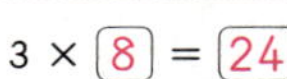

3 × 6 = 18

🍀 수직선을 보고 □안에 알맞은 수를 쓰세요.

❶ 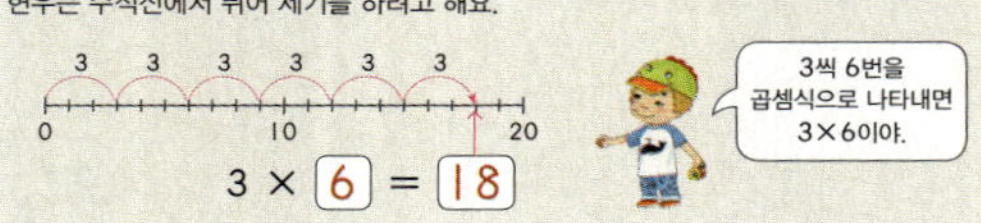
4 × 4 = 16

❷ 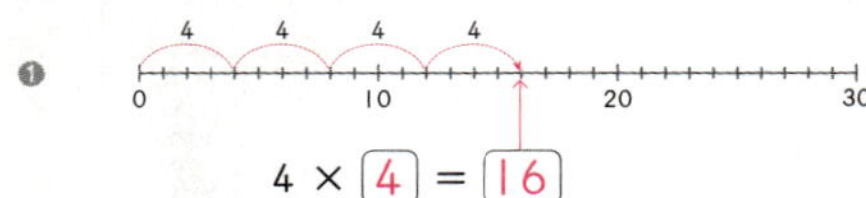
5 × 5 = 25

❸ 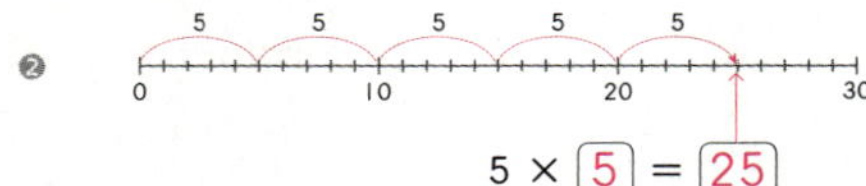
3 × 7 = 21

🍀 수직선을 보고 □안에 알맞은 수를 쓰세요.

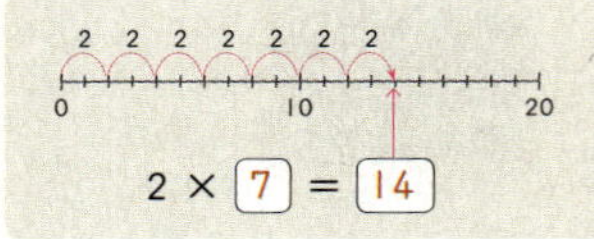

2 × 7 = 14

❶ 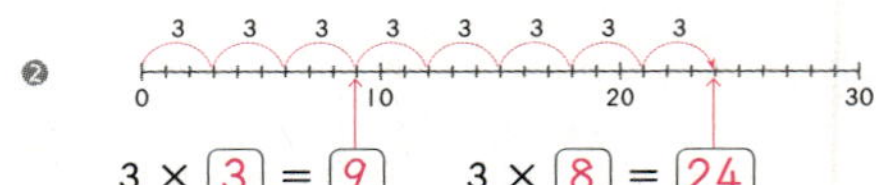
4 × 2 = 8   4 × 6 = 24

❷
3 × 3 = 9   3 × 8 = 24

❸
5 × 3 = 15   5 × 7 = 35

공부한 날
월
일

442 덧셈과 곱셈

태돌이와 티나는 곤충 박물관에서 잠자리의 수를 세고 있어요.

🌳 그림을 보고 □ 안에 알맞은 수를 쓰세요.

① 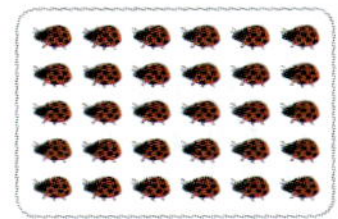

$3 + 3 + 3 + 3 + 3 + 3 + 3 =$ 21

$3 × 7 =$ 21

②

$5 + 5 + 5 + 5 + 5 + 5 =$ 30

$5 × 6 =$ 30

🌳 곤충의 수를 덧셈식과 곱셈식으로 나타내세요.

$2 + 2 + 2 + 2 + 2 + 2 + 2 =$ 14

$2 ×$ 7 $=$ 14

① $3 + 3 + 3 + 3 =$ 12

$3 ×$ 4 $=$ 12

② $5 + 5 + 5 + 5 =$ 20

$5 ×$ 4 $=$ 20

③ $4 + 4 + 4 + 4 + 4 =$ 20

$4 ×$ 5 $=$ 20

현우는 칠판에 적힌 곱셈 문제를 풀고 있어요.

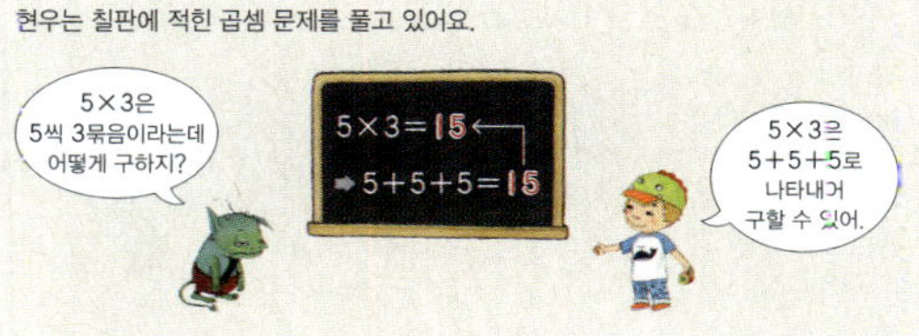

🌳 □ 안에 알맞은 수를 쓰세요.

① $4 × 5 =$ 20
➡ 4 $+$ 4 $+$ 4 $+$ 4 $+$ 4 $=$ 20
（5개）

② $3 × 7 =$ 21
➡ 3 $+$ 3 $+$ 3 $+$ 3 $+$ 3 $+$ 3 $+$ 3 $=$ 21
（7개）

③ $4 × 6 =$ 24
➡ 4 $+$ 4 $+$ 4 $+$ 4 $+$ 4 $+$ 4 $=$ 24
（6개）

🌳 □ 안에 알맞은 수를 쓰세요.

$3 × 4 =$ 12
➡ 3 $+$ 3 $+$ 3 $+$ 3 $=$ 12

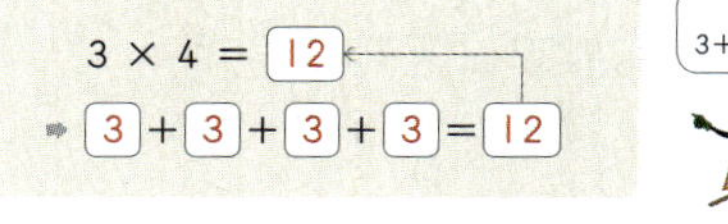

① $5 × 2 =$ 10
➡ 5 $+$ 5 $=$ 10

② $2 × 5 =$ 10
➡ 2 $+$ 2 $+$ 2 $+$ 2 $+$ 2 $=$ 10

③ $4 × 3 =$ 12
➡ 4 $+$ 4 $+$ 4 $=$ 12

④ $2 × 7 =$ 14
➡ 2 $+$ 2 $+$ 2 $+$ 2 $+$ 2 $+$ 2 $+$ 2 $=$ 14

443 2~5의 단 곱셈

태돌이와 티나는 2와 5의 단 곱셈구구를 외우려고 해요.

2×1=2	5×1=5
2×2=4	5×2=10
2×3=6	5×3=15
2×4=8	5×4=20
2×5=10	5×5=25
2×6=12	5×6=30
2×7=14	5×7=35
2×8=16	5×8=40
2×9=18	5×9=45

🌱 2와 5의 단 곱셈구구를 외워 □ 안에 알맞은 수를 쓰세요.

❶
$2 \times 1 = 2$
$2 \times 2 = \boxed{4}$
$2 \times 3 = \boxed{6}$
$2 \times 4 = 8$
$2 \times 5 = \boxed{10}$
$2 \times 6 = 12$
$2 \times 7 = \boxed{14}$
$2 \times 8 = 16$
$2 \times 9 = 18$

❷
$5 \times 1 = \boxed{5}$
$5 \times 2 = 10$
$5 \times 3 = 15$
$5 \times 4 = \boxed{20}$
$5 \times 5 = \boxed{25}$
$5 \times 6 = 30$
$5 \times 7 = \boxed{35}$
$5 \times 8 = 40$
$5 \times 9 = \boxed{45}$

🌱 □ 안에 알맞은 수를 쓰세요.

$2 \times 1 = 2$
$2 \times 2 = \boxed{4}$ $+2$
$2 \times 3 = \boxed{6}$ $+2$

❶
$2 \times 3 = 6$
$2 \times 4 = \boxed{8}$ $+2$
$2 \times 5 = \boxed{10}$ $+2$

❷
$5 \times 2 = 10$
$5 \times 3 = \boxed{15}$ $+5$
$5 \times 4 = \boxed{20}$ $+5$

❸
$2 \times 5 = 10$
$2 \times 6 = \boxed{12}$ $+2$
$2 \times 7 = \boxed{14}$

❹
$5 \times 5 = 25$
$5 \times 6 = \boxed{30}$ $+5$
$5 \times 7 = \boxed{35}$ $+5$

❺
$2 \times 7 = 14$
$2 \times 8 = \boxed{16}$ $+2$
$2 \times 9 = \boxed{18}$ $+2$

❻
$5 \times 7 = 35$
$5 \times 8 = \boxed{40}$ $+5$
$5 \times 9 = \boxed{45}$ $+5$

현우와 큐리는 3과 4의 단 곱셈구구를 외우고 있어요.

3×1=3	4×1=4
3×2=6	4×2=8
3×3=9	4×3=12
3×4=12	4×4=16
3×5=15	4×5=20
3×6=18	4×6=24
3×7=21	4×7=28
3×8=24	4×8=32
3×9=27	4×9=36

🌱 3과 4의 단 곱셈구구를 외워 □ 안에 알맞은 수를 쓰세요.

❶
$3 \times 1 = 3$
$3 \times 2 = \boxed{6}$
$3 \times 3 = \boxed{9}$
$3 \times 4 = 12$
$3 \times 5 = \boxed{15}$
$3 \times 6 = 18$
$3 \times 7 = \boxed{21}$
$3 \times 8 = 24$
$3 \times 9 = 27$

❷
$4 \times 1 = \boxed{4}$
$4 \times 2 = 8$
$4 \times 3 = 12$
$4 \times 4 = \boxed{16}$
$4 \times 5 = \boxed{20}$
$4 \times 6 = 24$
$4 \times 7 = \boxed{28}$
$4 \times 8 = 32$
$4 \times 9 = \boxed{36}$

🌱 □ 안에 알맞은 수를 쓰세요.

$3 \times 1 = 3$
$3 \times 2 = \boxed{6}$ $+3$
$3 \times 3 = \boxed{9}$ $+3$

❶
$3 \times 3 = 9$
$3 \times 4 = \boxed{12}$ $+3$
$3 \times 5 = \boxed{15}$

❷
$4 \times 2 = 8$
$4 \times 3 = \boxed{12}$ $+4$
$4 \times 4 = \boxed{16}$ $+4$

❸
$3 \times 5 = 15$
$3 \times 6 = \boxed{18}$ $+3$
$3 \times 7 = \boxed{21}$ $+3$

❹
$4 \times 5 = 20$
$4 \times 6 = \boxed{24}$
$4 \times 7 = \boxed{28}$ $+4$

❺
$3 \times 7 = 21$
$3 \times 8 = \boxed{24}$ $+3$
$3 \times 9 = \boxed{27}$ $+3$

❻
$4 \times 7 = 28$
$4 \times 8 = \boxed{32}$ $+4$
$4 \times 9 = \boxed{36}$ $+4$

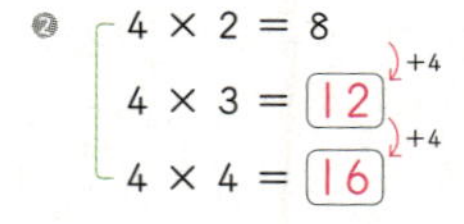

444 2~5의 단 곱셈표

18 · 19

태돌이와 큐리는 곱셈구구표를 보고 있어요.

×	1	2	3	4	5	6	7	8	9
2	2	4	6	8	10	12	14	16	18
3	3	6	9	12	15	18	21	24	27
4	4	8	12	16	20	24	28	32	36
5	5	10	15	20	25	30	35	40	45

🍀 곱셈표의 빈칸에 알맞은 수를 쓰세요.

①

×	3	4	5	6
2	6	8	10	12

②

×	2	3	4	5
3	6	9	12	15

③

×	3	4	5	6
4	12	16	20	24

④

×	2	3	4	5
5	10	15	20	25

🍀 곱셈표의 빈칸에 알맞은 수를 쓰세요.

×	3	4	5
2	6	4	10 (2×5)
3	9 (3×3)	12	15 (3×5)
4	12	16 (4×4)	20

①

×	2	3	4
3	6	9	12
4	8	12	16
5	10	15	20

②

×	5	6	7
2	10	12	14
3	15	18	21
4	20	24	28

③

×	7	8	9
2	14	16	18
3	21	24	27
4	28	32	36

④

×	5	6	7
3	15	18	21
4	20	24	28
5	25	30	35

20 · 21

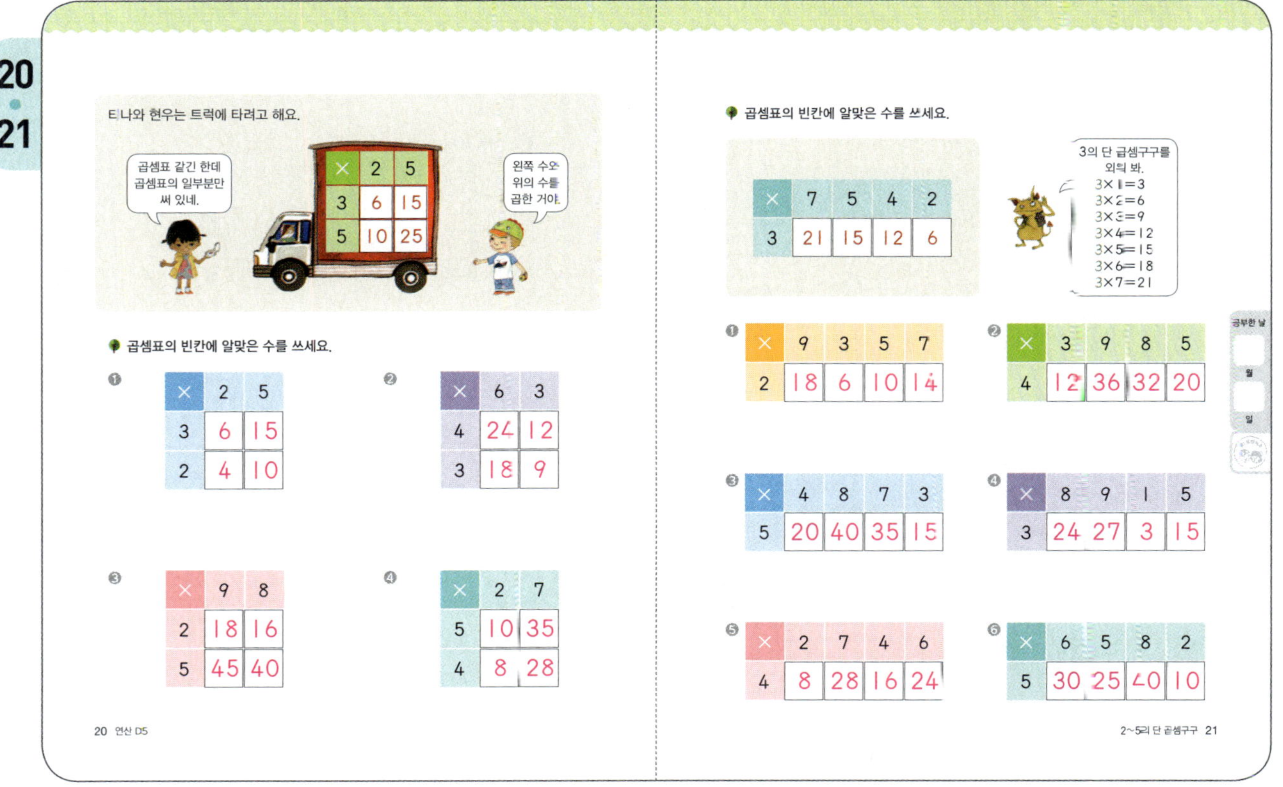

×	2	5
3	6	15
5	10	25

🍀 곱셈표의 빈칸에 알맞은 수를 쓰세요.

①

×	2	5
3	6	15
2	4	10

②

×	6	3
4	24	12
3	18	9

③

×	9	8
2	18	16
5	45	40

④

×	2	7
5	10	35
4	8	28

🍀 곱셈표의 빈칸에 알맞은 수를 쓰세요.

×	7	5	4	2
3	21	15	12	6

①

×	9	3	5	7
2	18	6	10	14

②

×	3	9	8	5
4	12	36	32	20

③

×	4	8	7	3
5	20	40	35	15

④

×	8	9	1	5
3	24	27	3	15

⑤

×	2	7	4	6
4	8	28	16	24

⑥

×	6	5	8	2
5	30	25	40	10

공부한 날 / 월 / 일

445 곱셈 문제 해결

🌱 과녁에 화살이 꽂힌 두 수의 곱을 구하세요.

❶ 
$3 \times 8 = 24$

❷ 
$4 \times 5 = 20$

❸ 
$2 \times 7 = 14$

❹ 
$5 \times 6 = 30$

🌱 두 주사위를 굴려서 나온 수의 곱을 구하세요.

$5 \times 3 = 15$

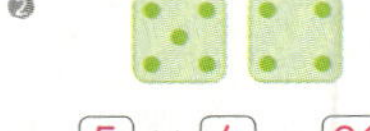

❶ $2 \times 6 = 12$

❷ $5 \times 4 = 20$

❸ $3 \times 3 = 9$

❹ $4 \times 6 = 24$

❺ $2 \times 5 = 10$

❻ $3 \times 5 = 15$

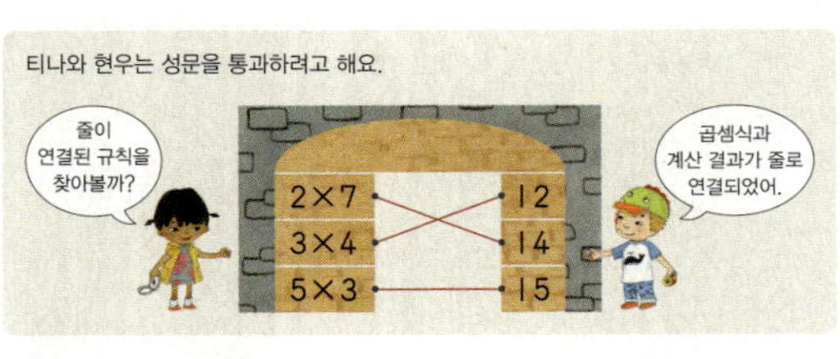

🌱 곱셈식의 곱을 찾아 선으로 이으세요.

❶ 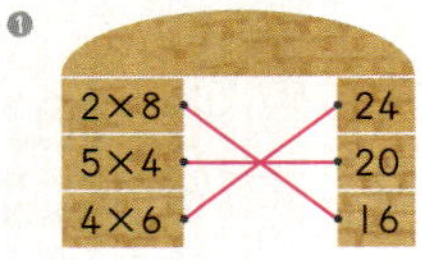

❷

❸ 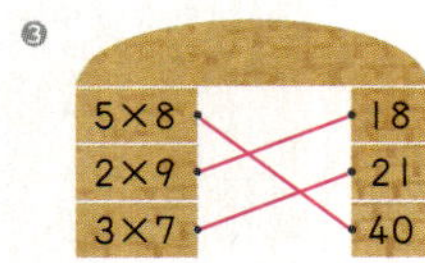

❹

🌱 곱셈식이 완성되도록 선을 그으세요.

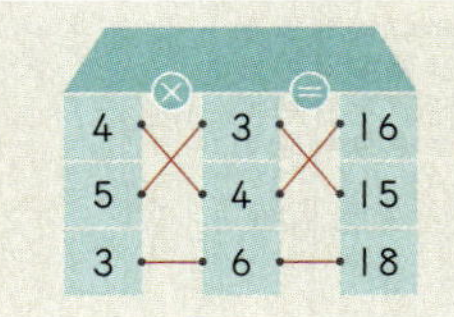

❶

❷ 

❸ 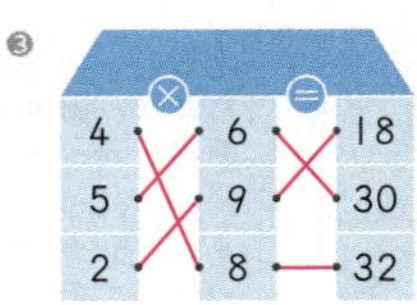

❹ 

공부한 날
월
일

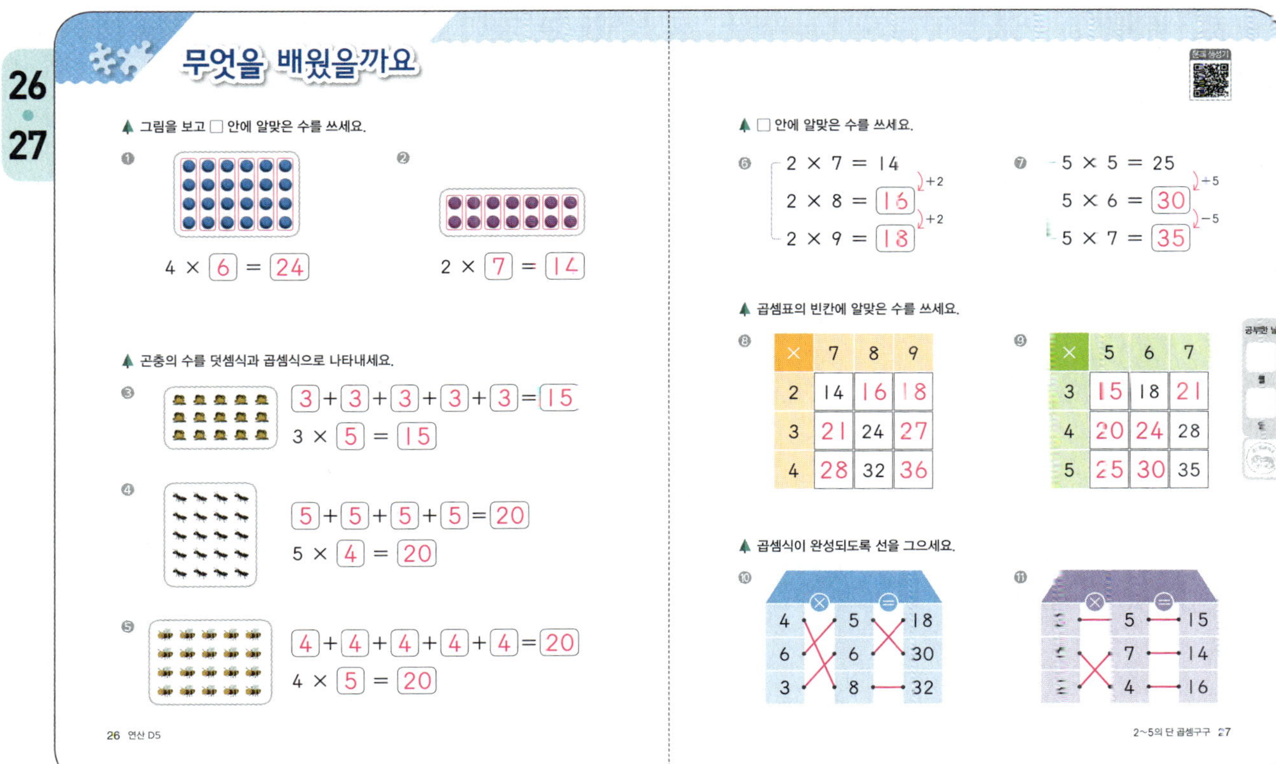

26 27

무엇을 배웠을까요

그림을 보고 □ 안에 알맞은 수를 쓰세요.

4 × 6 = 24

2 × 7 = 14

곤충의 수를 덧셈식과 곱셈식으로 나타내세요.

3 + 3 + 3 + 3 + 3 = 15
3 × 5 = 15

5 + 5 + 5 + 5 = 20
5 × 4 = 20

4 + 4 + 4 + 4 + 4 = 20
4 × 5 = 20

□ 안에 알맞은 수를 쓰세요.

2 × 7 = 14
2 × 8 = 16
2 × 9 = 18

5 × 5 = 25
5 × 6 = 30
5 × 7 = 35

곱셈표의 빈칸에 알맞은 수를 쓰세요.

× 7 8 9
2 14 16 18
3 21 24 27
4 28 32 36

× 5 6 7
3 15 18 21
4 20 24 28
5 25 30 35

곱셈식이 완성되도록 선을 그으세요.

26 연산 D5

2~5의 단 곱셈구구 27

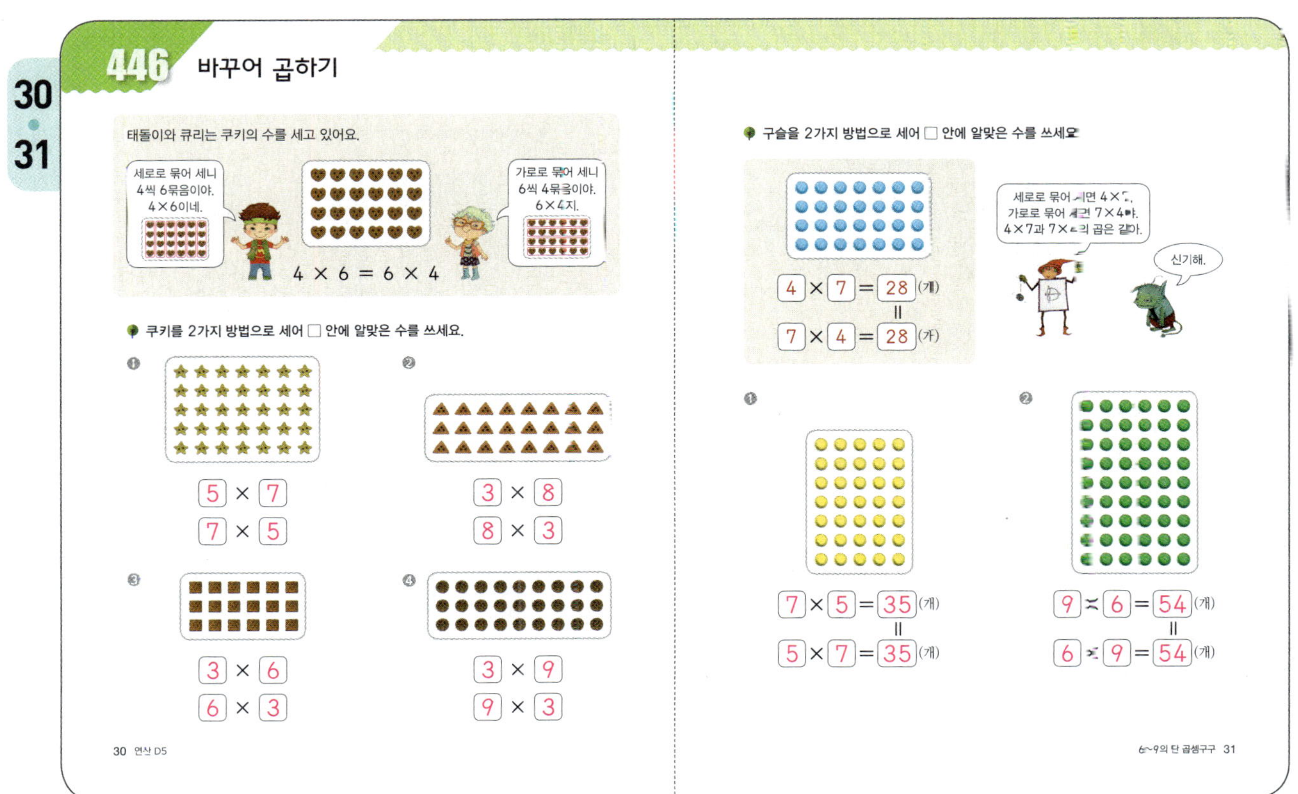

30 31

446 바꾸어 곱하기

태돌이와 큐리는 쿠키의 수를 세고 있어요.

세로로 묶어 세니 4씩 6묶음이야. 4×6이네.

가로로 묶어 세니 6씩 4묶음이야. 6×4지.

4 × 6 = 6 × 4

쿠키를 2가지 방법으로 세어 □ 안에 알맞은 수를 쓰세요.

5 × 7
7 × 5

3 × 8
8 × 3

3 × 6
6 × 3

3 × 9
9 × 3

구슬을 2가지 방법으로 세어 □ 안에 알맞은 수를 쓰세요

4 × 7 = 28 (개)
=
7 × 4 = 28 (가)

세로로 묶어 세면 4×5, 가로로 묶어 세면 7×4야. 4×7과 7×4의 곱은 같아.

신기해.

7 × 5 = 35 (개)
=
5 × 7 = 35 (개)

9 × 6 = 54 (개)
=
6 × 9 = 54 (개)

30 연산 D5

6~9의 단 곱셈구구 31

티나와 현우는 6의 단 곱셈을 알아보려고 해요.

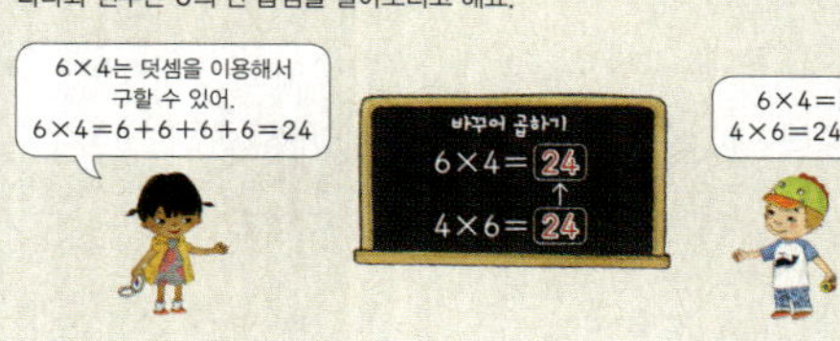

🌳 바꾸어 곱하기를 하여 □ 안에 알맞은 수를 쓰세요.

❶ 7 × 3 = 21
　3 × 7 = 21

❷ 9 × 2 = 18
　2 × 9 = 18

❸ 6 × 4 = 24
　4 × 6 = 24

❹ 8 × 5 = 40
　5 × 8 = 40

❺ 8 × 3 = 24
　3 × 8 = 24

❻ 7 × 6 = 42
　6 × 7 = 42

🌳 바꾸어 곱하기를 하여 □ 안에 알맞은 수를 쓰세요.

5 × 7 = 35
7 × 5 = 35

❶ 3 × 8 = 24
　8 × 3 = 24

❷ 2 × 6 = 12
　6 × 2 = 12

❸ 4 × 9 = 36
　9 × 4 = 36

❹ 5 × 8 = 40
　8 × 5 = 40

❺ 2 × 7 = 14
　7 × 2 = 14

❻ 3 × 6 = 18
　6 × 3 = 18

❼ 5 × 9 = 45
　9 × 5 = 45

❽ 4 × 7 = 28
　7 × 4 = 28

447 6에서 9까지의 앞단

큐리와 태돌이는 6과 7의 단 곱셈구구 중에서 앞단을 외우고 있어요.

$6×1=6$
$6×2=12$ ⟩+6
$6×3=18$ ⟩+6
$6×4=24$ ⟩+6
$6×5=30$ ⟩+6

$7×1=7$
$7×2=14$ ⟩+7
$7×3=21$ ⟩+7
$7×4=28$ ⟩+7
$7×5=35$ ⟩+7

🌳 6과 7의 단 곱셈구구를 외워 □ 안에 알맞은 수를 쓰세요.

❶ 6 × 2 = 12
　6 × 3 = 18 ⟩+6

❷ 7 × 2 = 14
　7 × 3 = 21 ⟩+7

❸ 6 × 3 = 18
　6 × 4 = 24 ⟩+6

❹ 7 × 3 = 21
　7 × 4 = 28 ⟩+7

❺ 6 × 4 = 24
　6 × 5 = 30 ⟩+6

❻ 7 × 4 = 28
　7 × 5 = 35 ⟩+7

🌳 곱셈을 하세요.

6 × 3 = 18

❶ 6 × 2 = 12

❷ 7 × 2 = 14

❸ 6 × 5 = 30

❹ 7 × 5 = 35

❺ 6 × 4 = 24

❻ 7 × 4 = 28

❼ 6 × 1 = 6

❽ 7 × 3 = 21

정답 **7**

36 · 37

현우와 티나는 8과 9의 단 곱셈구구 중에서 앞단을 외우고 있어요.

8×1=8	9×1=9
8×2=16)+8	9×2=18)+9
8×3=24)+8	9×3=27)+9
8×4=32)+8	9×4=36)+9
8×5=40)+8	9×5=45)+9

🌱 8과 9의 단 곱셈구구를 외워 □ 안에 알맞은 수를 쓰세요.

① 8 × 2 = 16
  8 × 3 = 24)+8

② 9 × 2 = 18
  9 × 3 = 27)+9

③ 8 × 3 = 24
  8 × 4 = 32)+8

④ 9 × 3 = 27
  9 × 4 = 36)+9

⑤ 8 × 4 = 32
  8 × 5 = 40)+8

⑥ 9 × 4 = 36
  9 × 5 = 45)+9

🌱 곱셈을 하세요.

8 × 3 = 24

① 8 × 2 = 16
② 9 × 2 = 18
③ 8 × 5 = 40
④ 9 × 5 = 45
⑤ 8 × 4 = 32
⑥ 9 × 4 = 36
⑦ 8 × 1 = 8
⑧ 9 × 3 = 27

---

38 · 39

44 6에서 9까지의 뒷단

태돌이와 큐리는 6과 7의 단 곱셈구구 중에서 뒷단을 외우고 있어요.

6×5=30)+6	7×5=35)+7
6×6=36)+6	7×6=42)+7
6×7=42)+6	7×7=49)+7
6×8=48)+6	7×8=56)+7
6×9=54)+6	7×9=63)+7

🌱 6과 7의 단 곱셈구구를 외워 □ 안에 알맞은 수를 쓰세요.

① 6 × 6 = 36
  6 × 7 = 42)+6

② 7 × 6 = 42
  7 × 7 = 49)+7

③ 6 × 7 = 42
  6 × 8 = 48)+6

④ 7 × 7 = 49
  7 × 8 = 56)+7

⑤ 6 × 8 = 48
  6 × 9 = 54)+6

⑥ 7 × 8 = 56
  7 × 9 = 63)+7

🌱 곱셈을 하세요.

6 × 7 = 42

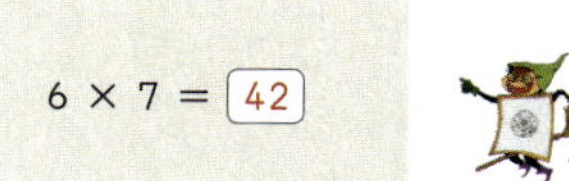

① 6 × 5 = 30
② 7 × 8 = 56
③ 6 × 9 = 54
④ 7 × 9 = 63
⑤ 6 × 8 = 48
⑥ 7 × 6 = 42
⑦ 6 × 6 = 36
⑧ 7 × 7 = 49

티나와 현우는 8과 9의 단 곱셈구구 중에서 뒷단을 외우고 있어요.

$8 \times 5 = 40$　$9 \times 5 = 45$
$8 \times 6 = 48$ }+8　$9 \times 6 = 54$ }+9
$8 \times 7 = 56$ }+8　$9 \times 7 = 63$ }+9
$8 \times 8 = 64$ }+8　$9 \times 8 = 72$ }+9
$8 \times 9 = 72$ }+8　$9 \times 9 = 81$ }+9

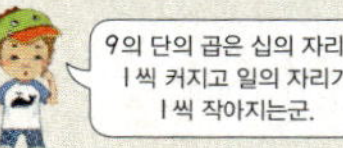

🌱 8과 9의 단 곱셈구구를 외워 □ 안에 알맞은 수를 쓰세요.

① $8 \times 6 = 48$
　$8 \times 7 = \boxed{56}$ }+8

② $9 \times 6 = 54$
　$9 \times 7 = \boxed{63}$ }+9

③ $8 \times 7 = 56$
　$8 \times 8 = \boxed{64}$ }+8

④ $9 \times 7 = 63$
　$9 \times 8 = \boxed{72}$ }+9

⑤ $8 \times 8 = 64$
　$8 \times 9 = \boxed{72}$ }+8

⑥ $9 \times 8 = 72$
　$9 \times 9 = \boxed{81}$ }+9

🌱 곱셈을 하세요.

$9 \times 7 = \boxed{63}$

① $8 \times 7 = \boxed{56}$　② $9 \times 5 = \boxed{45}$

③ $8 \times 9 = \boxed{72}$　④ $9 \times 9 = \boxed{81}$

⑤ $8 \times 8 = \boxed{64}$　⑥ $9 \times 8 = \boxed{72}$

⑦ $8 \times 6 = \boxed{48}$　⑧ $9 \times 6 = \boxed{54}$

---

449 6~9의 단 곱셈표

큐리와 태돌이는 6~9의 단 곱셈구구표를 만들었어요.

×	1	2	3	4	5	6	7	8	9
6	6	12	18	24	30	36	42	48	54
7	7	14	21	28	35	42	49	56	63
8	8	16	24	32	40	48	56	64	72
9	9	18	27	36	45	54	63	72	81

🌱 곱셈표의 빈칸에 알맞은 수를 쓰세요.

①
×	4	5	6	7
6	24	30	36	42

②
×	6	7	8	9
7	42	49	56	63

③
×	3	4	5	6
8	24	32	40	48

④
×	2	3	4	5
9	18	27	36	45

🌱 곱셈표의 빈칸에 알맞은 수를 쓰세요.

×	5	6	7
6	30	36	42
7	35	42	49
8	40	48	56

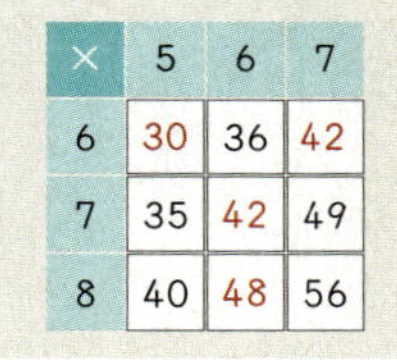

①
×	1	2	3
6	6	12	18
7	7	14	21
8	8	16	24

②
×	7	8	9
6	42	48	54
7	49	56	63
8	56	64	72

③
×	3	4	5
7	21	28	35
8	24	32	40
9	27	36	45

④
×	5	6	7
7	35	42	49
8	40	48	56
9	45	54	63

44 45

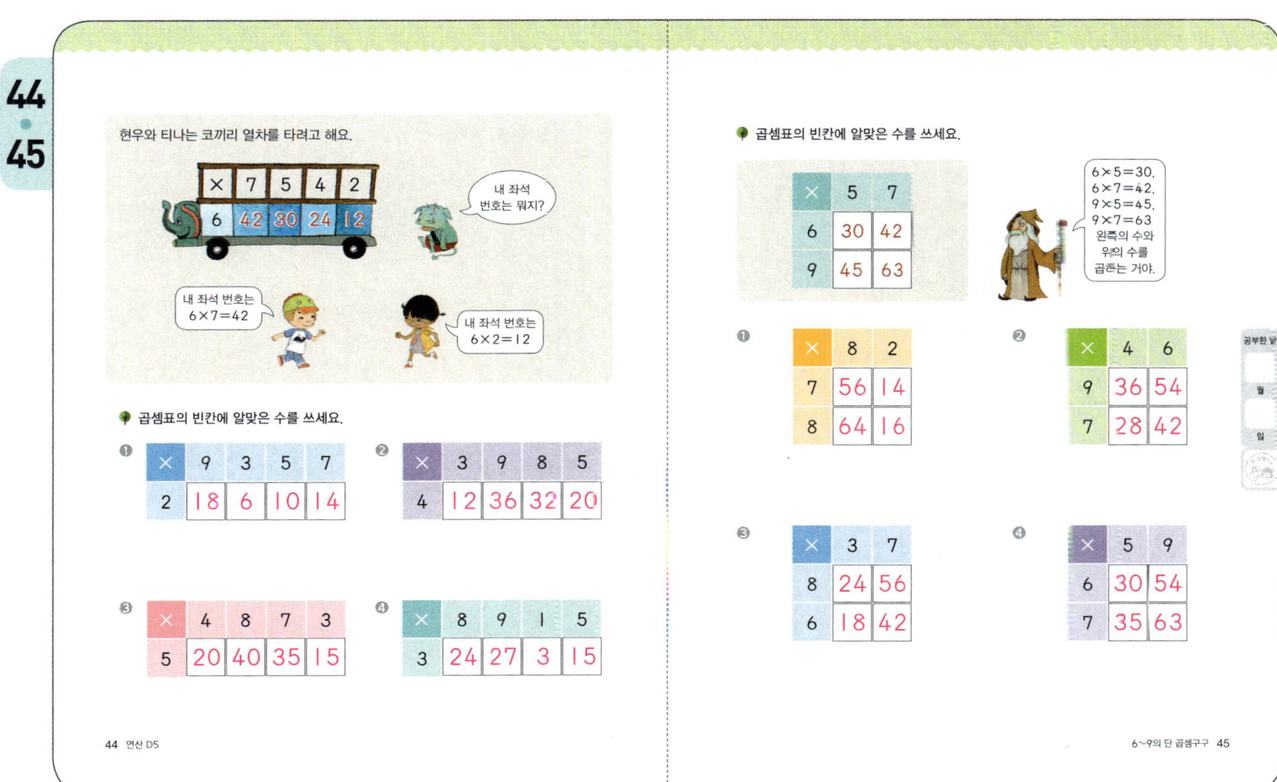

44 연산 D5

450 곱셈 문제 해결

46 47

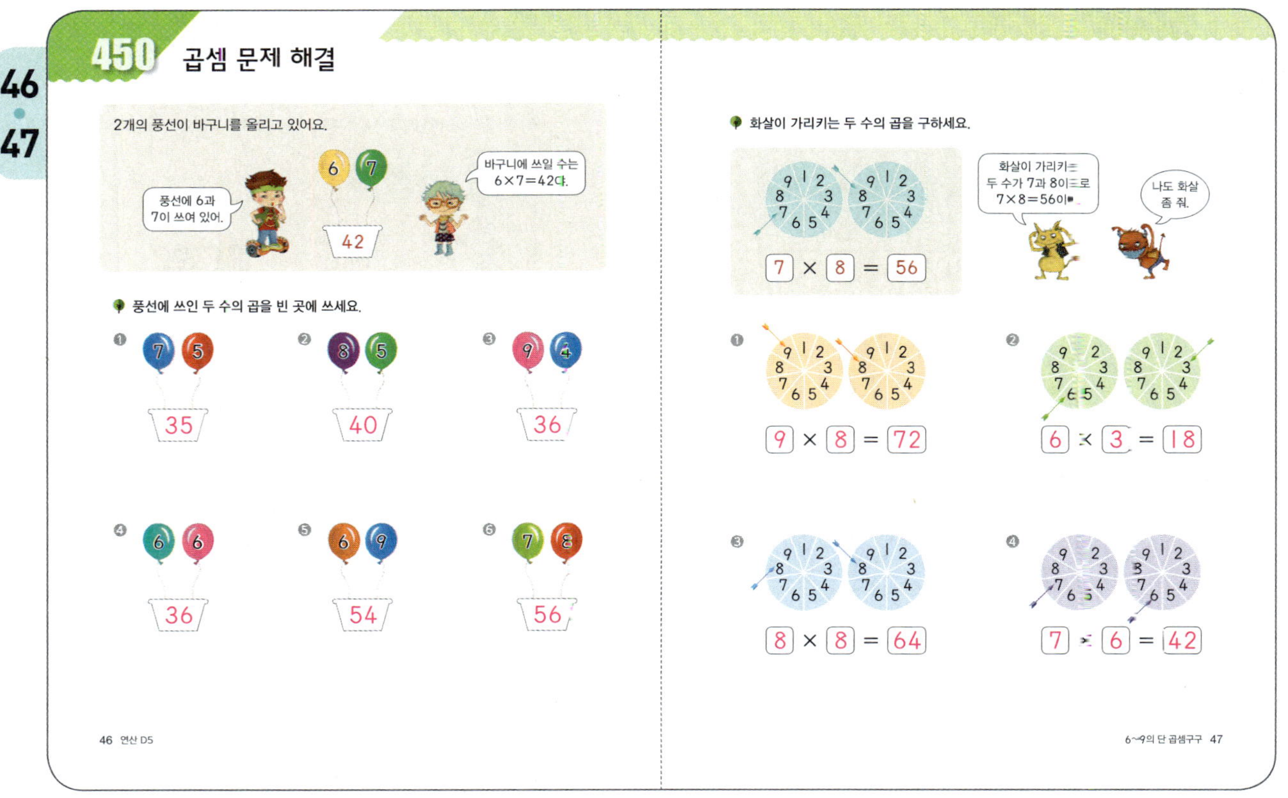

46 연산 D5

동물들이 자기 집을 찾고 있어요.

🌱 곱셈식이 완성되도록 선을 그으세요.

①
7×4 6×5 8×3
24 30 28

②
6×6 7×7 8×8
49 64 36

③
9×9 6×9 9×8
54 72 81

④
8×5 7×6 9×5
42 40 45

🌱 곱셈식이 완성되도록 선을 그으세요.

①
8 8 30
6 5 24
9 3 72

②
6 5 30
7 4 63
9 9 36

③
7 6 42
8 9 54
6 8 64

④
9 4 40
7 7 36
8 5 49

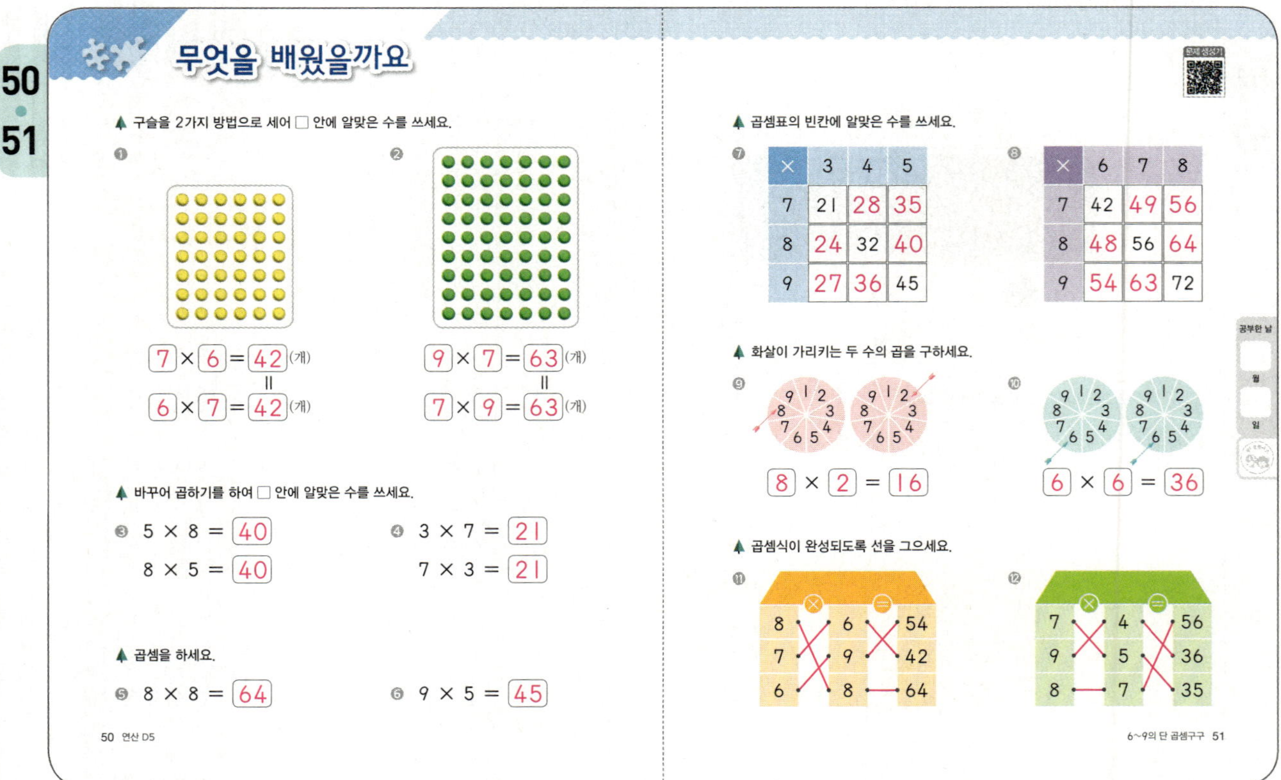

무엇을 배웠을까요

🔺 구슬을 2가지 방법으로 세어 □ 안에 알맞은 수를 쓰세요.

①
7 × 6 = 42 (개)
=
6 × 7 = 42 (개)

②
9 × 7 = 63 (개)
=
7 × 9 = 63 (개)

🔺 바꾸어 곱하기를 하여 □ 안에 알맞은 수를 쓰세요.

③ 5 × 8 = 40
8 × 5 = 40

④ 3 × 7 = 21
7 × 3 = 21

🔺 곱셈을 하세요.

⑤ 8 × 8 = 64

⑥ 9 × 5 = 45

🔺 곱셈표의 빈칸에 알맞은 수를 쓰세요.

⑦

×	3	4	5
7	21	28	35
8	24	32	40
9	27	36	45

⑧

×	6	7	8
7	42	49	56
8	48	56	64
9	54	63	72

🔺 화살이 가리키는 두 수의 곱을 구하세요.

⑨ 8 × 2 = 16

⑩ 6 × 6 = 36

🔺 곱셈식이 완성되도록 선을 그으세요.

⑪
8 6 54
7 9 42
6 8 64

⑫
7 4 56
9 5 36
8 7 35

451 곱셈구구

54 · 55

태돌이와 큐리는 구구단 게임을 해요.

🌱 곱셈을 하여 □ 안에 알맞은 수를 쓰세요.

❶
2 × 5 = 10
2 × 9 = 18
2 × 6 = 12
2 × 7 = 14

❷
3 × 4 = 12
3 × 8 = 24
3 × 7 = 21
3 × 9 = 27

❸
4 × 4 = 16
4 × 7 = 28
4 × 9 = 36
4 × 8 = 32

❹
5 × 9 = 45
5 × 4 = 20
5 × 6 = 30
5 × 8 = 40

🌱 두 수를 바꾸어 곱셈을 하세요.

9 × 2 = 18
2 × 9 = 18

❶
6 × 5 = 30
5 × 6 = 30

❷
7 × 3 = 21
3 × 7 = 21

❸
8 × 4 = 32
4 × 8 = 32

❹
9 × 4 = 36
4 × 9 = 36

❺
7 × 5 = 35
5 × 7 = 35

❻
6 × 3 = 18
3 × 6 = 18

❼
9 × 5 = 45
5 × 9 = 45

❽
8 × 2 = 16
2 × 8 = 16

---

56 · 57

티나와 현우는 6, 7, 8, 9의 단 곱셈구구를 외우고 있어요.

🌱 구구단을 외워 □ 안에 알맞은 수를 쓰세요.

❶
6 × 8 = 48
8 × 6 = 48

❷
7 × 8 = 56
8 × 7 = 56

❸
8 × 9 = 72
9 × 8 = 72

❹
6 × 9 = 54
9 × 6 = 54

❺
6 × 7 = 42
7 × 6 = 42

❻
7 × 9 = 63
9 × 7 = 63

🌱 곱셈을 하세요.

8 × 7 = 56
8 × 3 = 24
8 × 8 = 64

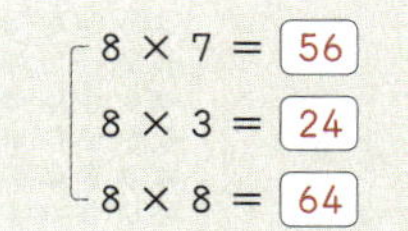

❶
6 × 9 = 54
6 × 4 = 24
6 × 6 = 36

❷
7 × 4 = 28
7 × 7 = 49
7 × 9 = 63

❸
8 × 5 = 40
8 × 9 = 72
8 × 6 = 48

❹
9 × 4 = 36
9 × 8 = 72
9 × 7 = 63

❺
7 × 6 = 42
7 × 3 = 21
7 × 8 = 56

❻
6 × 5 = 30
6 × 7 = 42
6 × 8 = 48

공부한 날
월
일

452 신기한 곱셈구구

큐리와 태돌이는 5의 단 곱셈구구를 외우고 있어요.

$5 \times 1 = 5 \rightarrow 5$
$5 \times 2 = 10 \rightarrow 0$
$5 \times 3 = 15 \rightarrow 5$
$5 \times 4 = 20 \rightarrow 0$
$5 \times 5 = 25 \rightarrow 5$
$5 \times 6 = 30 \rightarrow 0$
$5 \times 7 = 35 \rightarrow 5$
$5 \times 8 = 40 \rightarrow 0$
$5 \times 9 = 45 \rightarrow 5$

🍀 곱셈을 한 다음 곱의 일의 자리 숫자를 쓰세요.

❶
$7 \times 1 = 7 \rightarrow 7$ (일의 자리 숫자)
$7 \times 6 = 42 \rightarrow 2$ (일의 자리 숫자)
$7 \times 2 = 14 \rightarrow 4$ (일의 자리 숫자)
$7 \times 7 = 49 \rightarrow 9$ (일의 자리 숫자)
$7 \times 3 = 21 \rightarrow 1$ (일의 자리 숫자)
$7 \times 8 = 56 \rightarrow 6$ (일의 자리 숫자)
$7 \times 4 = 28 \rightarrow 8$ (일의 자리 숫자)
$7 \times 9 = 63 \rightarrow 3$ (일의 자리 숫자)
$7 \times 5 = 35 \rightarrow 5$ (일의 자리 숫자)

🍀 곱셈구구표를 완성한 다음 곱의 일의 자리 숫자를 쓰세요.

×	1	2	3	4	5	6	7	8	9
2	2	4	6	8	10	12	14	16	18
일의 자리 숫자	2	4	6	8	0	2	4	6	8

❶
×	1	2	3	4	5	6	7	8	9
3	3	6	9	12	15	18	21	24	27
일의 자리 숫자	3	6	9	2	5	8	1	4	7

❷
×	1	2	3	4	5	6	7	8	9
9	9	18	27	36	45	54	63	72	81
일의 자리 숫자	9	8	7	6	5	4	3	2	1

❸
×	1	2	3	4	5	6	7	8	9
6	6	12	18	24	30	36	42	48	54
일의 자리 숫자	6	2	8	4	0	6	2	8	4

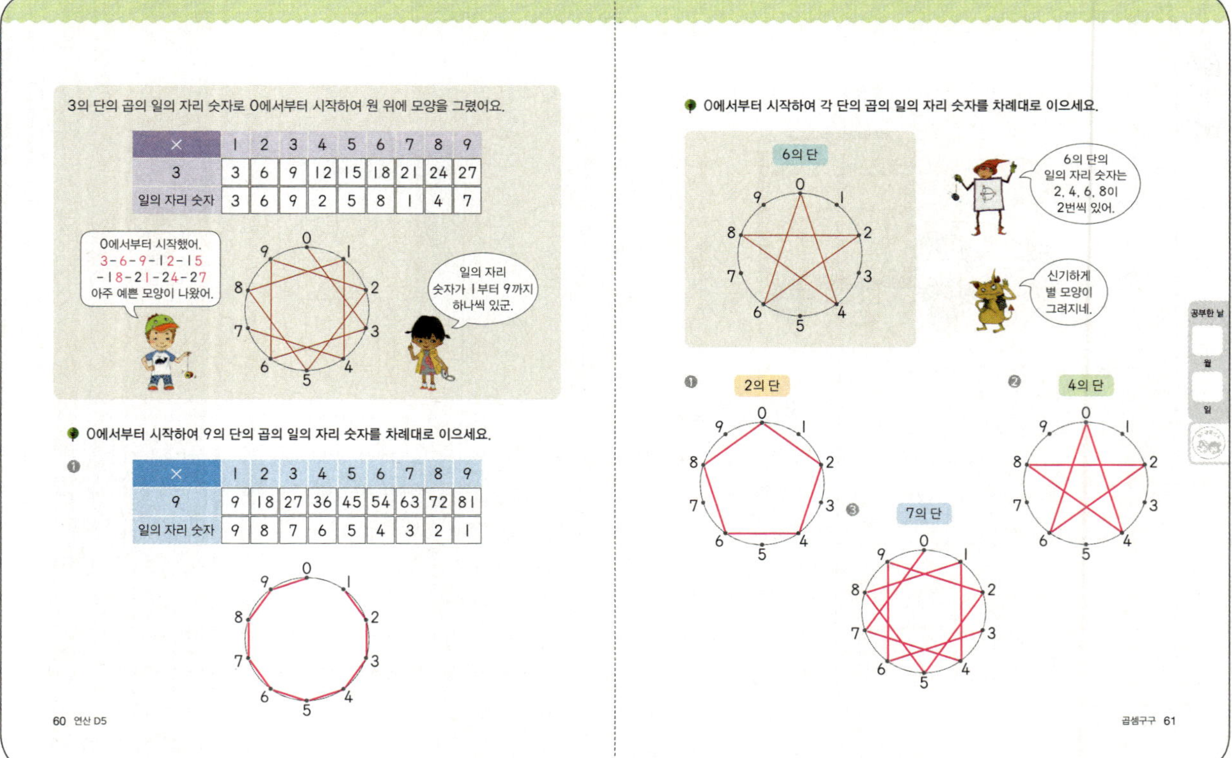

3의 단의 곱의 일의 자리 숫자로 0에서부터 시작하여 원 위에 모양을 그렸어요.

×	1	2	3	4	5	6	7	8	9
3	3	6	9	12	15	18	21	24	27
일의 자리 숫자	3	6	9	2	5	8	1	4	7

🍀 0에서부터 시작하여 9의 단의 곱의 일의 자리 숫자를 차례대로 이으세요.

❶
×	1	2	3	4	5	6	7	8	9
9	9	18	27	36	45	54	63	72	81
일의 자리 숫자	9	8	7	6	5	4	3	2	1

🍀 0에서부터 시작하여 각 단의 곱의 일의 자리 숫자를 차례대로 이으세요.

6의 단

❶ 2의 단
❷ 4의 단
❸ 7의 단

공부한 날
월
일

---

453 곱셈표

62
63

태돌이와 큐리는 곱셈구구표를 만들었어요.

×	1	2	3	4	5	6	7	8	9
1	1	2	3	4	5	6	7	8	9
2	2	4	6	8	10	12	14	16	18
3	3	6	9	12	15	18	21	24	27
4	4	8	12	16	20	24	28	32	36
5	5	10	15	20	25	30	35	40	45
6	6	12	18	24	30	36	42	48	54
7	7	14	21	28	35	42	49	56	63
8	8	16	24	32	40	48	56	64	72
9	9	18	27	36	45	54	63	72	81

곱셈표의 빈칸에 알맞은 수를 쓰세요.

❶

×	7	8	9
2	14	16	18
3	21	24	27
4	28	32	36
5	35	40	45

❷

×	5	6	7
4	20	24	28
5	25	30	35
6	30	36	42
7	35	42	49

곱셈표의 빈칸에 알맞은 수를 쓰세요.

×	2	3	4	5
4	8 (4×2)	12	16 (4×4)	20 (4×5)
5	10	15 (5×3)	20	25 (5×5)

❶

×	4	5	6	7
2	8	10	12	14
3	12	15	18	21

❷

×	6	7	8	9
5	30	35	40	45
6	36	42	48	54

❸

×	6	7	8	9
7	42	49	56	63
8	48	56	64	72
9	54	63	72	81

❹

×	2	3	4	5
8	16	24	32	40
9	18	27	36	45
7	14	21	28	35

64
65

티나와 현우는 트럭에 타려고 해요.

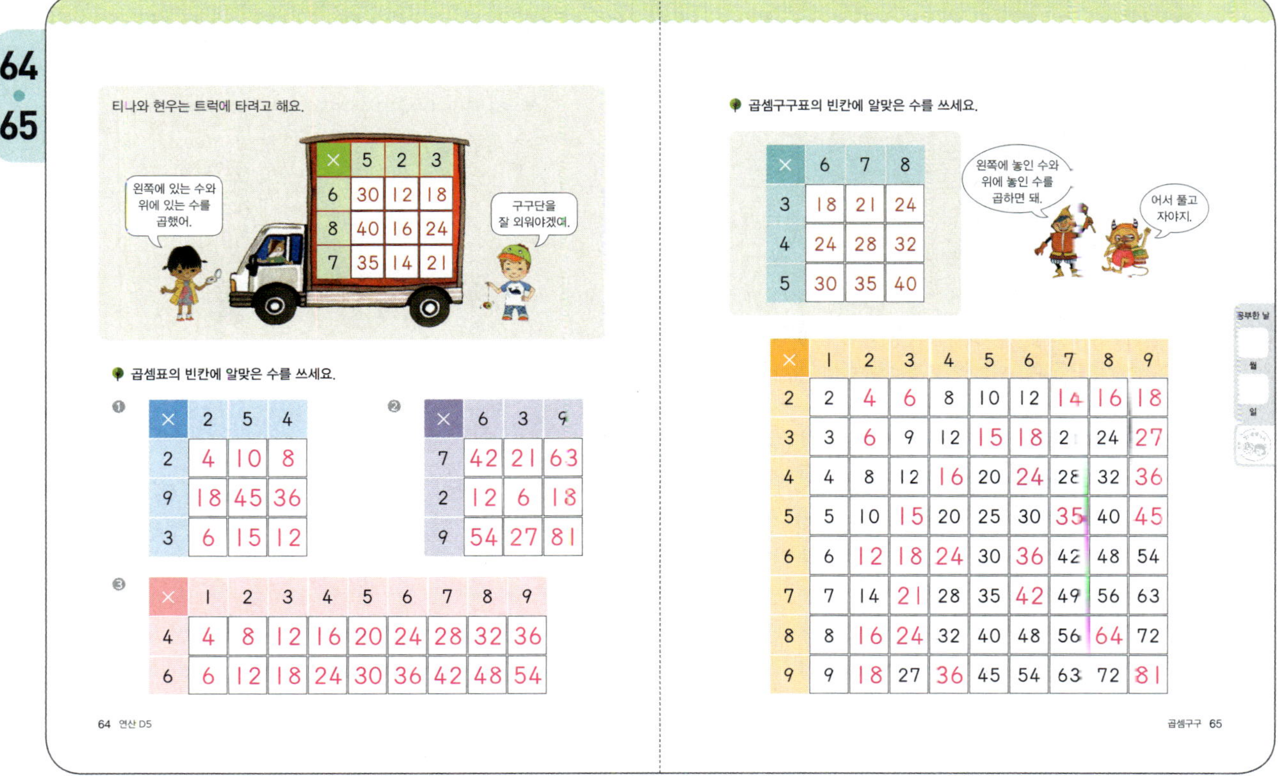

×	5	2	3
6	30	12	18
8	40	16	24
7	35	14	21

곱셈표의 빈칸에 알맞은 수를 쓰세요.

❶

×	2	5	4
2	4	10	8
9	18	45	36
3	6	15	12

❷

×	6	3	9
7	42	21	63
2	12	6	18
9	54	27	81

❸

×	1	2	3	4	5	6	7	8	9
4	4	8	12	16	20	24	28	32	36
6	6	12	18	24	30	36	42	48	54

곱셈구구표의 빈칸에 알맞은 수를 쓰세요.

×	6	7	8
3	18	21	24
4	24	28	32
5	30	35	40

×	1	2	3	4	5	6	7	8	9
2	2	4	6	8	10	12	14	16	18
3	3	6	9	12	15	18	21	24	27
4	4	8	12	16	20	24	28	32	36
5	5	10	15	20	25	30	35	40	45
6	6	12	18	24	30	36	42	48	54
7	7	14	21	28	35	42	49	56	63
8	8	16	24	32	40	48	56	64	72
9	9	18	27	36	45	54	63	72	81

공부한 날
월
일

14   연산 D5

454 몇 단인지 알아보기

큐리와 태돌이는 어떤 수가 몇 단의 곱인지 알아보려고 해요.

🌳 칠판에 적힌 수가 몇 단인지 알맞은 것에 모두 ◯표 하세요.

❶ 14
(2의 단), 3의 단, (7의 단)

❷ 35
((5의 단), 6의 단, (7의 단))

❸ 30
(4의 단, (5의 단), (6의 단))

❹ 56
(6의 단, (7의 단), (8의 단))

🌳 각 단의 곱에 맞지 않는 수를 모두 찾아 ✕표 하세요.

4의 단
4   12   16
~~14~~ ~~41~~ 20
~~26~~ 28

❶ 3의 단
3   ~~32~~   9
27 ~~13~~   18
24 ~~16~~

❷ 9의 단
9   18   ~~29~~
~~39~~ 27   45
36 ~~19~~

❸ 5의 단
5   ~~56~~   10
20 ~~32~~   15
45 ~~22~~

❹ 7의 단
7   ~~17~~   14
~~27~~ 35   21
~~29~~ 28

현우는 주어진 수를 각 단의 곱에 맞게 써넣고 있어요.

🌳 주어진 수를 각 단의 곱에 맞게 ☐ 안에 쓰세요.

❶ 3단
3   9
15 21 27
6단
6   12
18 24

3 6 9 12 15
18 21 24 27

❷ 4단
4   12
20 28 36
8단
8   16
24 32

4 8 12 16 20
24 28 32 36

🌳 주어진 수를 각 단의 곱에 맞게 ☐ 안에 쓰세요.

❶ 3단   5단
3 6
9 12
18   15
5
10
21   20
24   25

3 5 6 9 10 12 15
18 20 21 24 25

❷ 6단   8단
6
12   8
18   24   16
30   48   32
36   40
42

6 8 12 16 18 24
30 32 36 40 42 48

정답 15

70 · 71

455 곱셈 문제 해결

72 · 73

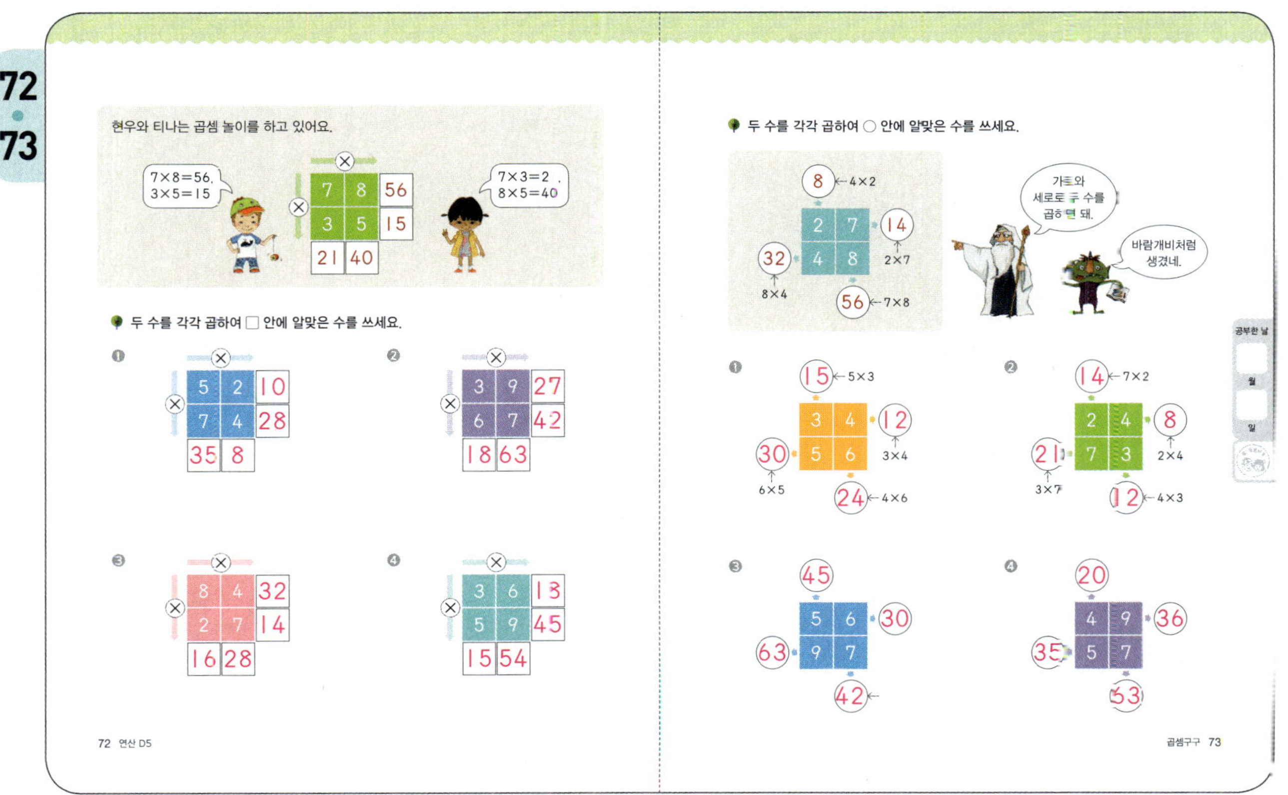

16 연산 D5

무엇을 배웠을까요

▲ 곱셈을 하세요.

❶
7 × 7 = [49]
7 × 4 = [28]
7 × 8 = [56]

❷
8 × 5 = [40]
8 × 7 = [56]
8 × 8 = [64]

▲ 곱셈구구표를 완성한 다음 곱의 일의 자리 숫자를 쓰세요.

❸

×	1	2	3	4	5	6	7	8	9
6	6	12	18	24	30	36	42	48	54
일의 자리 숫자	6	2	8	4	0	6	2	8	4

▲ 곱셈표의 빈칸에 알맞은 수를 쓰세요.

❹

×	3	4	5	6
7	21	28	35	42
8	24	32	40	48

❺

×	5	6	7	8
8	40	48	56	64
9	45	54	63	72

▲ 곱셈구구표의 빈칸에 알맞은 수를 쓰세요.

❻

×	1	2	3	4	5	6	7	8	9
1	1	2	3	4	5	6	7	8	9
2	2	4	6	8	10	12	14	16	18
3	3	6	9	12	15	18	21	24	27
4	4	8	12	16	20	24	28	32	36
5	5	10	15	20	25	30	35	40	45
6	6	12	18	24	30	36	42	48	54
7	7	14	21	28	35	42	49	56	63
8	8	16	24	32	40	48	56	64	72
9	9	18	27	36	45	54	63	72	81

▲ 선으로 연결된 두 수의 곱을 □ 안에 쓰세요.

❼
[72]
8　3　9
[24] [27]

❽
[56]
7　5　8
[35] [40]

---

456 □가 있는 곱셈구구

태돌이와 큐리는 □ 안의 수를 구하려고 해요.

▲ □ 안에 알맞은 수를 쓰세요.

❶ 4 × [4] = 16
❷ 5 × [7] = 35
❸ [3] × 7 = 21
❹ [8] × 9 = 72
❺ 6 × [6] = 36
❻ 3 × [5] = 15
❼ [2] × 8 = 16
❽ [9] × 2 = 18

▲ □ 안에 알맞은 수를 쓰고 그 수가 같은 것끼리 선으로 이으세요.

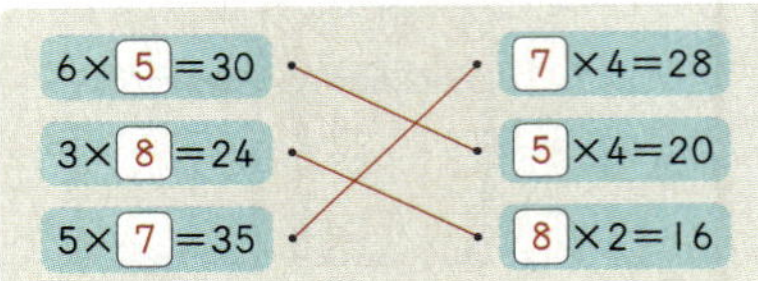

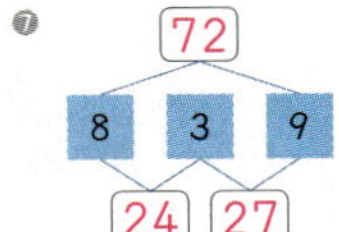

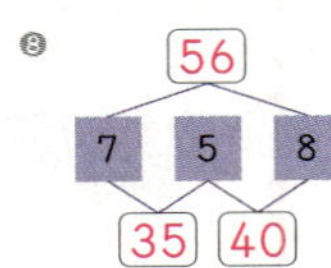

❶

❷
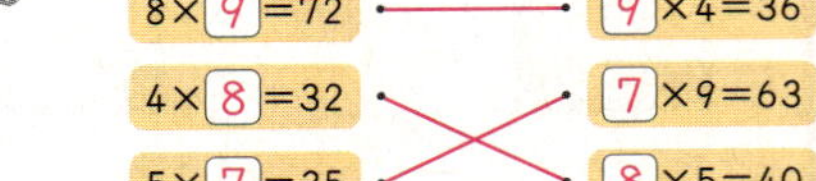
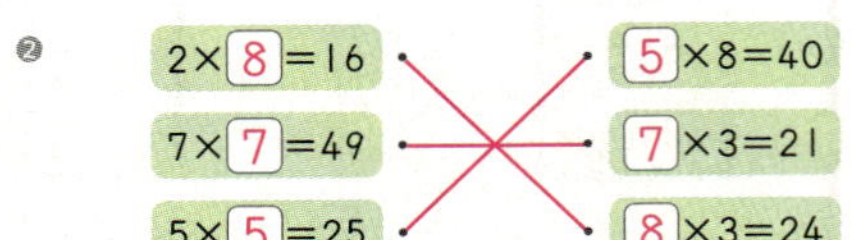

80 · 81

82 · 83

457 곱셈 계산기

18 연산 D5

● 동물들이 기구를 타고 하늘을 날아요. 숫자 카드 중에서 2장을 골라 ○ 안에 알맞은 수를 쓰세요.

● 계산기 화면의 수는 두 수를 곱한 수예요. 두 수를 찾아 ○표 하세요.

① 10
② 30
③ 72
④ 15
⑤ 56
⑥ 20

458 곱이 같은 곱셈식

태돌이와 큐리는 구슬을 여러 가지 방법으로 세고 있어요.

● 구슬을 여러 가지 방법으로 세어 □ 안에 알맞은 수를 쓰세요.

①
3 × 4 = 12
4 × 3 = 12
2 × 6 = 12
6 × 2 = 12

②
3 × 6 = 18
6 × 3 = 18
2 × 9 = 18
9 × 2 = 18

● 계산 결과가 같은 것끼리 선으로 이으세요.

①
3×3   9×1
4×5   6×4
8×3   5×4

②
4×2   2×5
5×2   9×1
3×3   8×1

③
3×4   9×2
6×3   7×2
2×7   6×2

④
3×5   2×6
6×6   9×4
4×3   5×3

88·89

티나와 현우는 계산 결과가 같은 곱셈식을 찾고 있어요.

● □ 안에 알맞은 수를 쓰세요.

❶ $2 \times 9 = \boxed{18}$
$6 \times 3 = \boxed{18}$
➡ $2 \times \boxed{9} = 6 \times \boxed{3}$

❷ $6 \times 4 = \boxed{24}$
$8 \times 3 = \boxed{24}$
➡ $6 \times \boxed{4} = 8 \times \boxed{3}$

❸ $4 \times 4 = \boxed{16}$
$8 \times 2 = \boxed{16}$
➡ $4 \times \boxed{4} = 8 \times \boxed{2}$

❹ $9 \times 4 = \boxed{36}$
$6 \times 6 = \boxed{36}$
➡ $9 \times \boxed{4} = 6 \times \boxed{6}$

● 계산 결과가 같도록 □ 안에 알맞은 수를 쓰세요.

$2 \times 6 = 4 \times \boxed{3}$

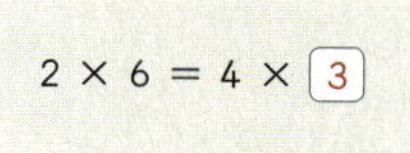

❶ $3 \times 8 = 4 \times \boxed{6}$ ❷ $6 \times 7 = 7 \times \boxed{6}$

❸ $9 \times 5 = \boxed{5} \times 9$ ❹ $6 \times 5 = \boxed{9} \times 4$

❺ $6 \times \boxed{2} = 3 \times 4$ ❻ $2 \times \boxed{9} = 3 \times 6$

❼ $\boxed{4} \times 4 = 8 \times 2$ ❽ $\boxed{9} \times 7 = 7 \times 9$

90·91

459 곱셈 계단

태돌이와 큐리는 공에 쓰인 수 중 두 수의 곱을 구하려고 해요.

● 공에 쓰인 수 2개를 이용하여 가장 큰 곱을 구하세요.

❶ 4 9 7 3
가장 큰 곱
$\boxed{9} \times \boxed{7} = \boxed{63}$
또는 $7 \times 9 = 63$

❷ 3 8 4 2
가장 큰 곱
$\boxed{8} \times \boxed{4} = \boxed{32}$
또는 $4 \times 8 = 32$

❸ 6 5 7 8
가장 큰 곱
$\boxed{8} \times \boxed{7} = \boxed{56}$
또는 $7 \times 8 = 56$

❹ 5 6 9 8
가장 큰 곱
$\boxed{9} \times \boxed{8} = \boxed{72}$
또는 $8 \times 9 = 72$

● 숫자 카드 2장을 골라 가장 작은 곱을 구하세요.

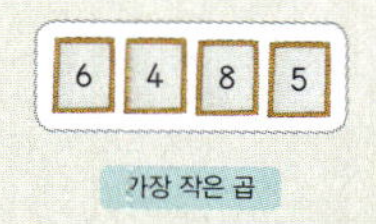

❶ 5 4 3 6
가장 작은 곱
$\boxed{3} \times \boxed{4} = \boxed{12}$
또는 $4 \times 3 = 12$

❷ 7 5 3 3
가장 작은 곱
$\boxed{3} \times \boxed{5} = \boxed{15}$
또는 $5 \times 3 = 15$

❸ 4 9 6 2
가장 작은 곱
$\boxed{2} \times \boxed{4} = \boxed{8}$
또는 $4 \times 2 = 8$

❹ 2 5 9 7
가장 작은 곱
$\boxed{2} \times \boxed{5} = \boxed{10}$
또는 $5 \times 2 = 10$

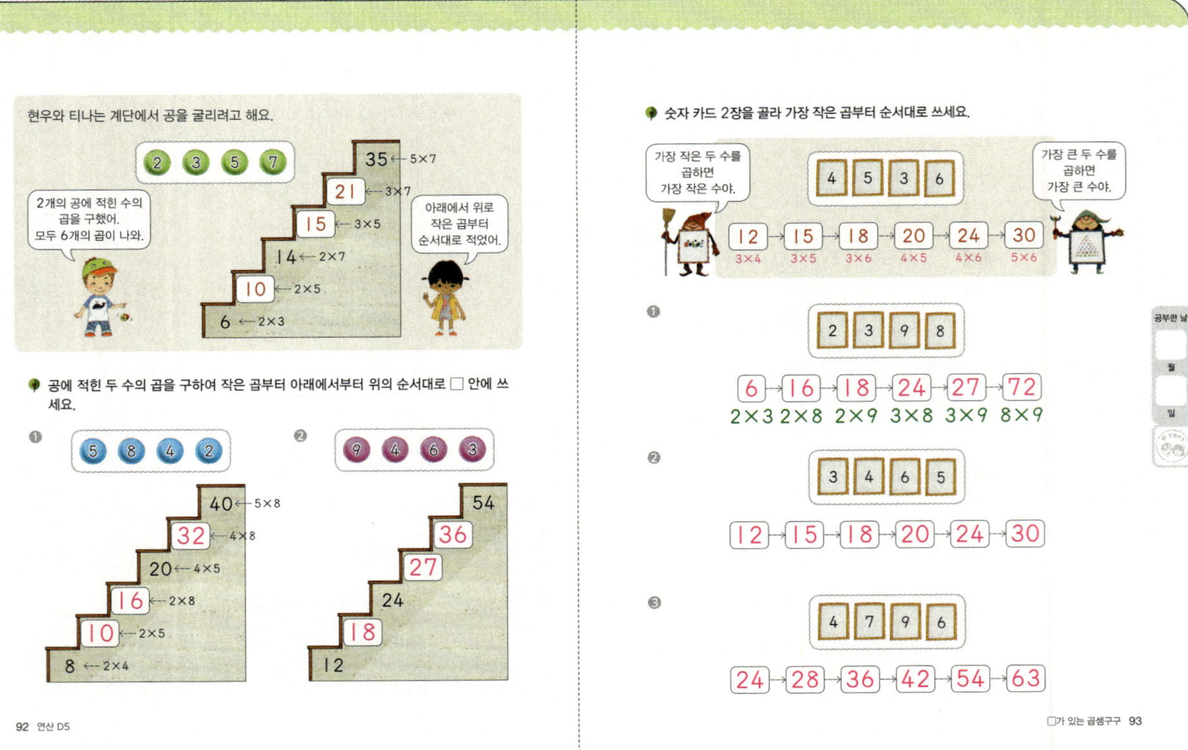

460 곱셈을 활용한 개수 세기

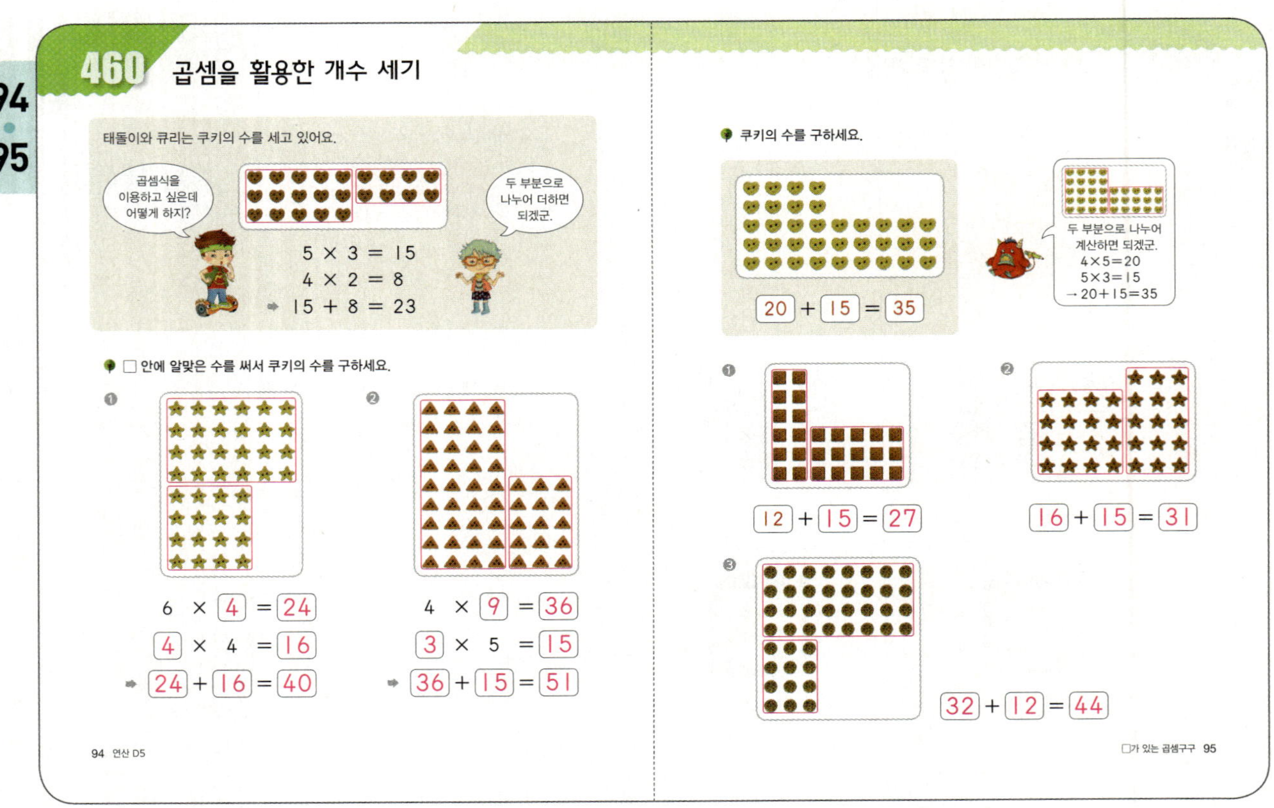

96 · 97

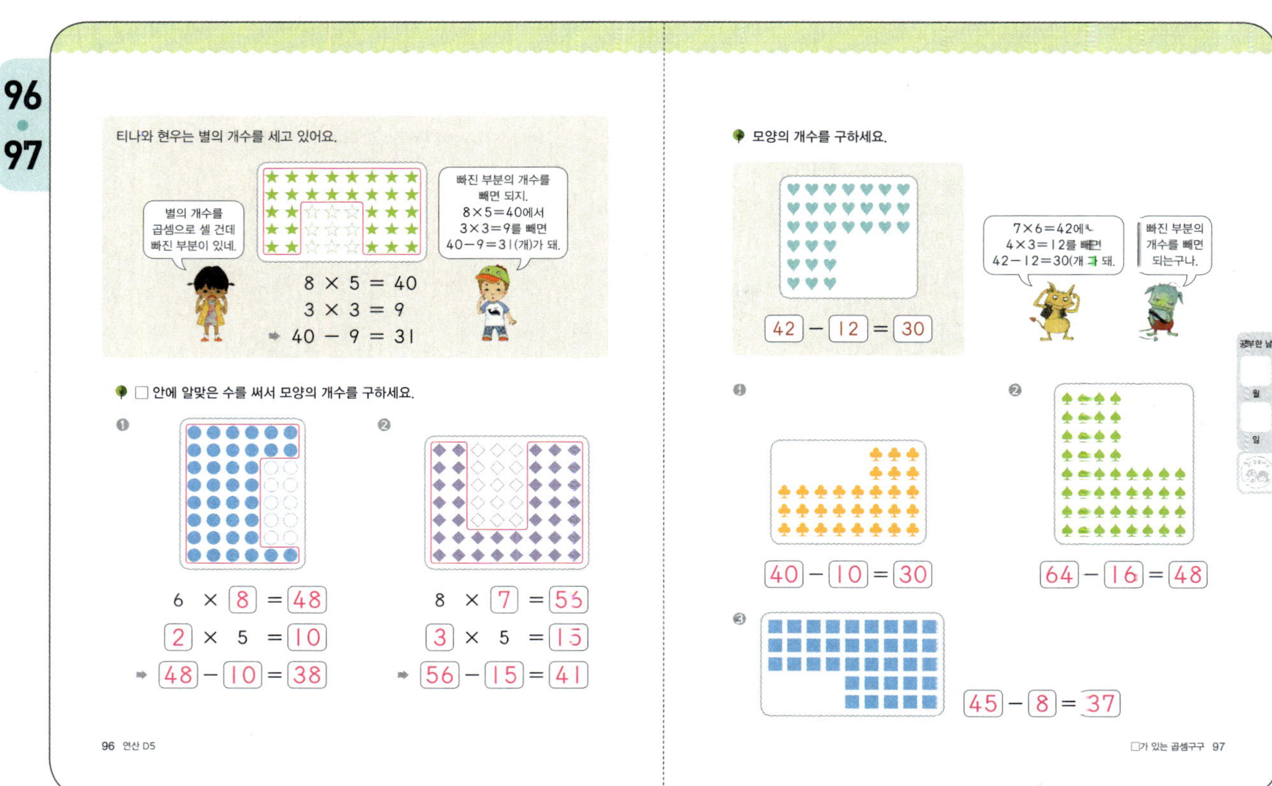

98 · 99

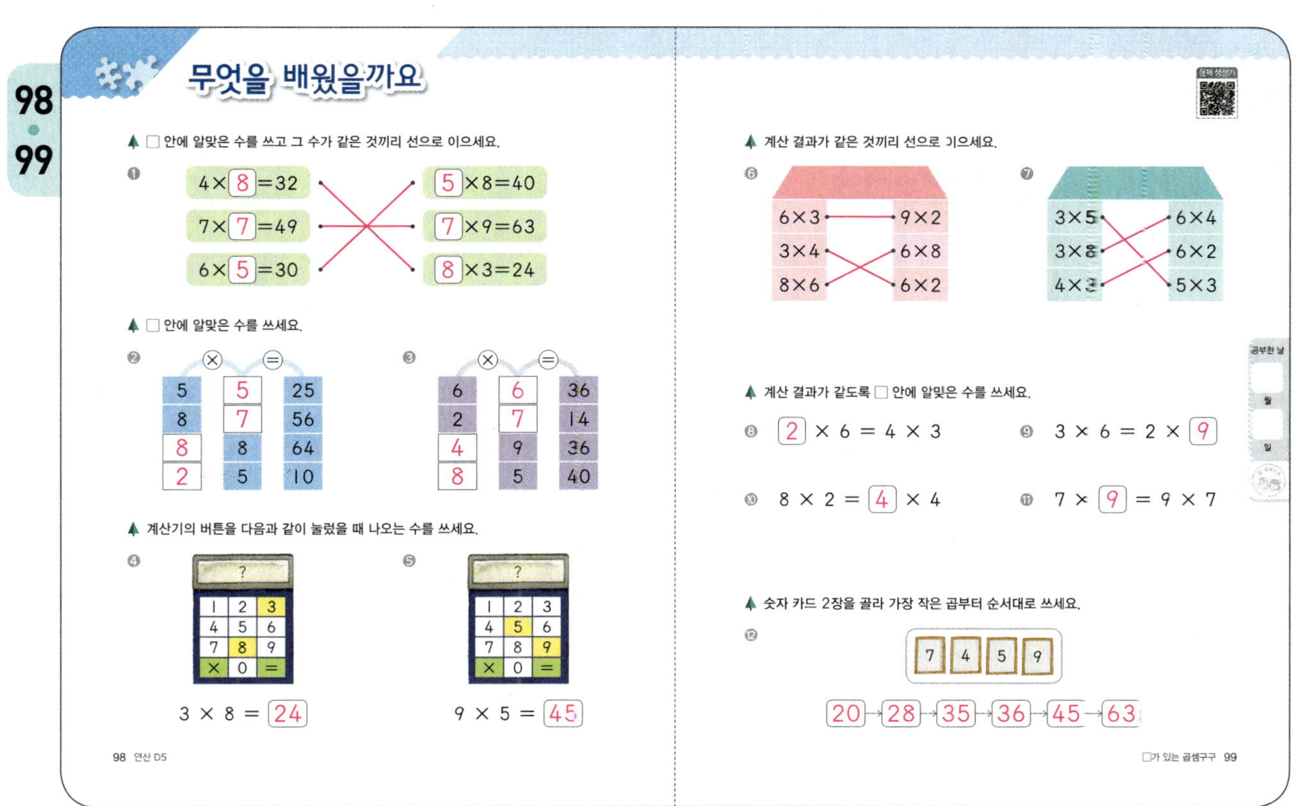

2~5의 단 곱셈구구

관련 쪽수: 6~27쪽

❖ □ 안에 알맞은 수를 쓰세요.

❶ 2 × 4 = 8
2 × 5 = 10
2 × 6 = 12

❷ 5 × 4 = 20
5 × 5 = 25
5 × 6 = 30

❸ 5 × 7 = 35
5 × 8 = 40
5 × 9 = 45

❹ 2 × 7 = 14
2 × 8 = 16
2 × 9 = 18

❺ 3 × 4 = 12
3 × 5 = 15
3 × 6 = 18

❻ 4 × 4 = 16
4 × 5 = 20
4 × 6 = 24

❼ 4 × 7 = 28
4 × 8 = 32
4 × 9 = 36

❽ 3 × 7 = 21
3 × 8 = 24
3 × 9 = 27

❖ 곱셈표의 빈칸에 알맞은 수를 쓰세요.

❾
×	3	4	5	6
4	12	16	20	24

❿
×	2	3	4	5
2	4	6	8	10

⓫
×	3	4	5	6
5	15	20	25	30

⓬
×	2	3	4	5
4	8	12	16	20

⓭
×	8	9
3	24	27
5	40	45

⓮
×	6	7
5	30	35
4	24	28

⓯
×	7	8	9
3	21	24	27
4	28	32	36
5	35	40	45

⓰
×	4	5	6
3	12	15	18
4	16	20	24
5	20	25	30

6~9의 단 곱셈구구

관련 쪽수: 30~51쪽

❖ 바꾸어 곱하기를 하여 □ 안에 알맞은 수를 쓰세요.

❶ 4 × 8 = 32
8 × 4 = 32

❷ 2 × 7 = 14
7 × 2 = 14

❸ 5 × 9 = 45
9 × 5 = 45

❹ 3 × 8 = 24
8 × 3 = 24

❺ 4 × 7 = 28
7 × 4 = 28

❻ 3 × 9 = 27
9 × 3 = 27

❼ 5 × 8 = 40
8 × 5 = 40

❽ 7 × 5 = 35
5 × 7 = 35

❖ 곱셈을 하세요.

❾ 8 × 8 = 64

❿ 6 × 9 = 54

⓫ 6 × 8 = 48

⓬ 8 × 3 = 24

⓭ 5 × 6 = 30

⓮ 9 × 5 = 45

❖ 곱셈표의 빈칸에 알맞은 수를 쓰세요.

⓯
×	2	8
7	14	56
8	16	64

⓰
×	4	6
8	32	48
7	28	42

⓱
×	3	7
6	18	42
8	24	56

⓲
×	9	5
6	54	30
7	63	35

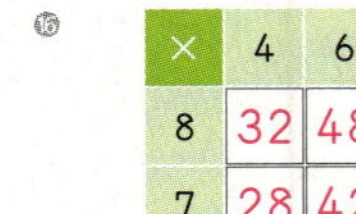
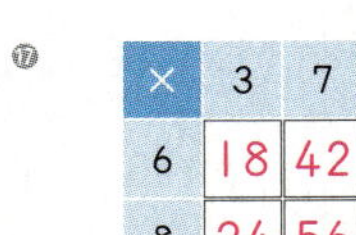

106 · 107

곱셈구구

관련 쪽수: 5쪽~75쪽

✤ 곱셈구구표를 완성한 다음 곱의 일의 자리 숫자를 쓰세요.

①

×	1	2	3	4	5	6	7	8	9
3	3	6	9	12	15	18	21	24	27
일의 자리 숫자	3	6	9	2	5	8	1	4	7

②

×	1	2	3	4	5	6	7	8	9
8	8	16	24	32	40	48	56	64	72
일의 자리 숫자	8	6	4	2	0	8	6	4	2

③

×	1	2	3	4	5	6	7	8	9
6	6	12	18	24	30	36	42	48	54
일의 자리 숫자	6	2	8	4	0	6	2	8	4

④

×	1	2	3	4	5	6	7	8	9
7	7	14	21	28	35	42	49	56	63
일의 자리 숫자	7	4	1	8	5	2	9	6	3

✤ 곱셈표의 빈칸에 알맞은 수를 쓰세요.

⑤

×	2	3	4	5	6	7	8	9
4	8	12	16	20	24	28	32	36
5	10	15	20	25	30	35	40	45

⑥

×	2	3	4	5	6	7	8	9
1	2	3	4	5	6	7	8	9
2	4	6	8	0	12	14	16	18
3	6	9	12	5	18	21	24	27
4	8	12	16	20	24	28	32	36
5	10	15	20	25	30	35	40	45
6	12	18	24	30	36	42	48	54
7	14	21	28	35	42	49	56	63
8	16	24	32	40	48	56	64	72
9	18	27	36	45	54	63	72	81

108

□가 있는 곱셈구구

관련 쪽수: 28쪽~99쪽

✤ □ 안에 알맞은 수를 쓰세요.

① $\boxed{3} \times 8 = 24$ ② $\boxed{8} \times 8 = 64$

③ $6 \times \boxed{9} = 54$ ④ $3 \times \boxed{7} = 21$

⑤ $\boxed{4} \times 4 = 16$ ⑥ $\boxed{6} \times 2 = 12$

✤ 계산 결과가 같도록 □ 안에 알맞은 수를 쓰세요.

⑦ $9 \times 6 = \boxed{6} \times 9$ ⑧ $6 \times 6 = 9 \times \boxed{4}$

⑨ $2 \times \boxed{6} = 3 \times 4$ ⑩ $2 \times \boxed{9} = 6 \times 3$

⑪ $8 \times 2 = \boxed{4} \times 4$ ⑫ $7 \times 9 = \boxed{9} \times 7$